성령님의 인도하심을 따라 선교합시다!

The Gospel Project for **Adults** is published quarterly by LifeWay Christian Resources,
One LifeWay Plaza, Nashville, TN 37234, Thom S. Rainer, President
© 2017 LifeWay Christian Resources
Translated and used by permission of LifeWay Christian Resources

This Korean translation edition © 2019 by Duranno Ministry,
38, Seobinggo-ro 65-gil, Yongsan-gu, Seoul, Republic of Korea
Published by arrangement with LifeWay Christian Resources

가스펠 프로젝트

신약
# 4
## 복음으로 세워진 교회
청장년

지은이 · LifeWay Adults
옮긴이 · 심정훈
감수 · 김병훈, 류호성, 신대현
초판 발행 · 2019년 1월 4일
2판 2쇄 발행 · 2025년 7월 2일
등록번호 · 제1988-000080호
등록된 곳 · 서울특별시 용산구 서빙고로65길 38
발행처 · 사단법인 두란노서원
영업부 · 02-2078-3352, 3452, 3781, 3752  FAX 080-749-3705
편집부 · 02-2078-3437
디자인 · 땅콩프레스

책값은 뒤표지에 있습니다.
ISBN 978-89-531-4699-0  04230 / 978-89-531-4582-5(세트)

가스펠 프로젝트 홈페이지 · gospelproject.co.kr
두란노몰 · mall.duranno.com

# 차례

## 능력 주시는 성령님 Unit 1 사도행전

## 보내시는 하나님 Unit 2 사도행전

# 4

*The Church on Mission*

# 발간사

두란노서원을 통해 라이프웨이(LifeWay)의 《가스펠 프로젝트》 성경 공부 교재 시리즈를 발간할 수 있도록 인도하신 하나님께 감사드립니다. 험한 소리로 가득한 세상에 이 책을 다릿돌처럼 놓습니다. 우리 삶은 말씀을 만난 소리로 풍성해져야 합니다. 주님을 만난 기쁨의 소리, 진실 앞에서 탄식하는 소리, 죄를 씻는 울음소리, 소망을 품은 기도 소리로 가득해야 합니다.

《가스펠 프로젝트》는 신구약을 관통하는 예수 그리스도의 복음을 발견하고, 그 가르침을 삶에 적용하는 지혜를 얻도록 기획한 성경 공부 교재입니다. 어린아이부터 어른에 이르기까지 생애주기에 따른 복음 메시지를 잘 배울 수 있습니다. 또한 거짓 진리가 미혹하는 이 시대에 건강한 신학과 바른 교리로 말씀을 조명해 성도의 신앙이 좌로나 우로나 치우치지 않도록 돕습니다.

두란노서원은 지금까지 "오직 성경, 복음 중심, 초교파적 관점"을 바탕으로 한국 교회와 성도를 꾸준히 섬겨 왔습니다. 오직 성경의 정신에 입각해 책과 잡지를 출판해 왔으며, 성경에 근거한 복음 중심의 신학을 포기한 적이 없습니다. 그리고 교단과 교파를 초월해 교회와 성도가 하나님 나라를 바라볼 수 있도록 돕기 위해 노력해 왔습니다. 《가스펠 프로젝트》는 두란노가 지켜 온 세 가지 가치를 충실하게 담은 책입니다.

성경은 구원을 위한 책이며, 구원사의 주인공은 예수 그리스도입니다. 창세기부터 요한계시록까지 오직 예수 그리스도의 복음만을 전하는 《가스펠 프로젝트》 성경 공부 교재를 통해 복음의 은혜와 진리를 깊이 경험하고, 복음 중심의 삶이 마음 판에 새겨지기를 바랍니다. 그리고 예수 그리스도 복음에 굳게 선 한 사람의 영향력이 가정과 교회와 사회에 흘러감으로써 거룩한 하나님 나라가 확산되어 가기를 소망합니다.

두란노서원 원장 이 형 기

# 감수사

✟ 두란노가 출간하는《가스펠 프로젝트》는 무엇보다도 전통적으로 교회가 풀어 온 흐름을 충실히 따라 성경을 해설하고 있습니다. 그리고 그 방향은 궁극적으로 예수 그리스도를 향해 나아가고 있습니다. 이것은 예수님이 구약과 신약의 모든 성경이 자신을 가리키고 있다고 하신 말씀에 비추어 매우 타당한 것입니다. 게다가 그리스도 중심적 해설을 무리하게 전개하지 않습니다. 각 본문에서 하나님의 구원 언약과 그것을 실현하시는 하나님을 드러내면서, 그리스도의 예표적 설명이 가능한 사건을 놓치지 않고 풀어내고 있습니다.

성경 공부 교재는 명시적으로 혹은 암시적으로 제시하는 교리적 진술이 교리 체계상 건전해야 합니다.《가스펠 프로젝트》는 99개 조에 이르는 핵심교리들을 일목요연하게 제시해 교리의 건전성을 확인할 수 있도록 도움을 줍니다.《가스펠 프로젝트》의 교리는 교파를 막론하고, 예수 그리스도의 복음에 충실한 복음주의 교회들에게 환영받을 만합니다. 물론 교파마다 약간의 이견을 갖는 부분들이 있을 수 있겠지만, 각 교회에서 교재를 활용하는 데는 무리가 없을 것입니다.《가스펠 프로젝트》의 특징은 각 과에서 학습한 내용을 핵심교리와 연결해 주며, 그 결과 그리스도의 복음에 관련한 교리적 이해를 강화시킨다는 데 있습니다.

끝으로《가스펠 프로젝트》는 어떤 성경 주해서나 교리 학습서가 갖지 못하는 훌륭한 장점을 가지고 있습니다. 그것은 학습자를 하나님과 그리스도의 복음 앞으로 이끌며, 자신의 신앙과 삶을 돌아보도록 하는 적용의 적실성과 훈련의 효과입니다. 아울러 본문과 관련해 교회사적으로 또 주석적으로 중요한 신학자와 목사의 어록과 주석을 제시하고, 심화토론 질문들(인도자용)과 선교적 안목을 열어 주는 적용 질문들을 더해 준 것은《가스펠 프로젝트》에서 얻을 수 있는 큰 유익입니다.

추천할 만한 마땅한 성경 공부 교재를 찾기가 쉽지 않은 현실에서《가스펠 프로젝트》는 성경을 개괄적으로 매주 한 과씩 3년의 기간 동안 일목요연하게, 그리고 그리스도 중심적으로 공부하도록 이끌어 준다는 점에서, 한국 교회의 기초를 성경 위에 놓는 일에 큰 공헌을 할 것으로 믿어 의심치 않습니다.

**김병훈** _ 합동신학대학원대학교 조직신학 교수

✟ 하나님의 달씀이 임하는 곳에는 회복의 역사가 있어서 죽은 뼈들도 힘줄이 생기고 살이 오릅니다(겔 37:8). 그 자체에 능력이 있는(눅 1:37) 하나님의 말씀이 왕성해지면 정의와 사랑이 넘쳐나고(렘 9:24) 놀라운 부흥을 경험할 수 있습니다(행 6:7). 결국 그분의 말씀이 흘러넘칠 때에 악한 세력들은 모두 물러가고, 새 하늘과 새 땅이 우리에게 다가올 것입니다.

이를 위해 작은 등불의 역할을 할《가스펠 프로젝트》는 다음과 같은 특징이 있습니다. 첫째는 성경 전체를 '그리스도 중심'으로 바라보며, 오실 그리스도(구약)와 오신 그리스도 그리고 앞으로 다시 오실 그리스도(신약)의 관점에서 구약성경과 신약성경을 서로 연결해 그 속에 담긴 놀라운 하나님의 구원 역사를 보게 합니다. 둘째는 같은 본문으로 교회와 가정 그리고 전

연령층에서 그리스도의 사랑을 배우게 하며 성숙한 그리스도인으로 성장하도록 이끌어 줍니다. 셋째는 신학적 주제와 기초 교리를 이해하기 쉽게 설명해 줍니다. 넷째는 배운 것을 복음의 씨앗을 뿌리는 선교와 연결하며 하나님이 주신 사명을 실천하도록 이끄는 것입니다.

그러므로 모든 교단과 교파를 초월해서, 하나님의 섬세한 구원의 손길과 그리스도의 숭고한 십자가의 사랑 그리고 거룩함으로 인도하는 성령님의 인도하심을 배울 수 있을 것입니다. 그래서 《가스펠 프로젝트》를 통해 하나님의 말씀이 한반도에 흘러넘칠 뿐만 아니라, 복음의 열정을 품고 전 세계로 향하는 많은 전도자를 세워 갈 것입니다.

**류호성** _ 서울장신대학교 신학학 교수

✝  《가스펠 프로젝트》는 성경 안에 나타난 하나님의 구원 계획-실행-완성이라는 일련의 진행을 잘 요약한 말입니다. 구원의 소식은 예수 그리스도께서 오셨을 때 비로소 전해진 것이 아니라 창세 이전에 그리스도 안에서 하나님의 지혜로 계획된 것입니다. 이 복음 계획은 구약 역사가 진행되면서 더 구체적으로 알려졌고, 하나님의 아들 예수 그리스도께서 이 땅에 오심으로써 완전히 드러났습니다. 이 복음으로 하나님의 백성이 모두 구원을 받을 것이며, 그제야 세상에 끝이 오고 하나님의 가스펠 프로젝트는 완성될 것입니다.

《가스펠 프로젝트》는 이러한 큰 그림을 염두에 두고 시대를 따라 진행되는 하나님의 구원 계획을 체계적으로 다루고 있습니다. 각 세션의 시작과 끝에 두 개의 푯대, 즉 '신학적 주제'와 '그리스도와의 연결'을 제시해 세션이 다루는 내용이 구원 역사의 큰 진행에서 어느 지점에 해당되는지 알려 줍니다. '신학적 주제'는 본문에서 하나님의 가스펠 프로젝트의 어느 지점에 주목해야 하는지 알려 주며, '그리스도와의 연결'은 이 지점이 가스펠 프로젝트 전체와 어떻게 연결되는지 확인시켜 줍니다. 가스펠 프로젝트의 부분과 전체를 아는 지식을 동시에 배워 가면서 이 시대를 향한 단기 비전과 앞으로 임할 하나님 나라에 대한 장기 비전을 함께 가질 수 있습니다. 《가스펠 프로젝트》는 이 비전들을 구체적으로 가질 수 있도록 매 세션 끝에 '하나님의 계획, 우리의 사명'을 두고 있습니다.

《가스펠 프로젝트》의 또 다른 큰 특징은 교회 안에 여러 세대를 그리스도 안에서 하나님의 말씀으로 연결해 준다는 것입니다. 장년, 청소년, 그리고 어린이들이 매주 동일한 본문 말씀을 배움으로써 그리스도 안에서 하나의 교회 전통을 세워 갈 수 있으며, 교회와 가정에서 동일한 하나님의 말씀으로 소통하며 언어가 같은 하나님 나라 백성의 삶을 체험할 수 있습니다.

《가스펠 프로젝트》는 성경의 한 부분에만 머물러 있는 우리의 생각을 그리스도 안에서 넓혀 주고, 분열된 세대들의 생각을 그리스도 안으로 모아 줍니다. 한국 교회 성도들이 《가스펠 프로젝트》를 통해 예수 그리스도를 아는 지식에서 자라 가고, 모든 믿음의 세대가 그리스도 안에서 아름다운 신앙의 전통을 이어 가는 일들이 일어나길 소망합니다.

**신대현** _《가스펠 프로젝트》주 강사

# 추천사

✝ 우리 시대의 전 세계적 교회 부흥은 두 가지 샘을 가지고 있습니다. 한 샘은 오순절 부흥 운동의 샘입니다. 이 샘으로 많은 시대의 목마른 영혼들이 목마름을 해갈했습니다. 또 하나의 샘은 성경 연구의 샘입니다. 남침례교 주일학교 운동은 이 샘의 개척자입니다. 이 샘으로 지금도 많은 성도가 목마름을 해갈하고 있습니다. 미 남침례교 라이프웨이 출판사는 이러한 사역을 충실히 감당해 왔습니다. 《가스펠 프로젝트》는 모든 필요를 공급하는 옹천이 될 것입니다. 이 체계적인 교재로 이 땅에 새로운 영적 르네상스가 일어나기를 기대합니다.

**이동원** _ 지구촌교회 원로 목사, 지구촌 미니스트리 네트워크 대표

✝ 성경은 예수 그리스도를 중심으로 하는 하나님의 구원 이야기입니다. 성경을 가르치는 일은 하나님의 구원에 동참하는 하나님의 사람을 만드는 일이며, 하나님의 사람의 탁월한 모델은 바로 예수 그리스도입니다. 《가스펠 프로젝트》는 예수 그리스도를 중심으로 성경을 배웁니다. 성경이 어떻게 그리스도와 연결되어 있는지, 또 성도의 삶이 그리스도를 중심으로 하는 하나님의 구원 계획에 어떻게 연결되어야 하는지 구체적으로 제시합니다. 신앙의 전수가 중요한 시대에 성도와 교회와 가정이 한마음으로 다음 세대를 준비시키기에 적합합니다.

**이재훈** _ 온누리교회 담임 목사

✝ 《가스펠 프로젝트》는 성경의 핵심 내용을 쉽고 흥미롭게 설명하여 성경을 배우고 삶에 구체적으로 적용하는 데 큰 도움을 줍니다. 무엇보다 성경의 중심이 되는 예수 그리스도를 충실하게 드러내 주어 예수 그리스도를 통해 완성하시는 하나님의 구원 역사를 확실히 알게 해 줍니다. 이 교재를 성실하게 따라가다 보면 하나님 나라가 우리 삶에 한층 가까워질 것입니다. 《가스펠 프로젝트》를 통해 한국 교회와 이민 교회에 거룩한 부흥의 불길이 일어나길 기대합니다.

**류응렬** _ 와싱톤중앙장로교회 담임 목사, 고든콘웰신학대학원 객원 교수

✝ 《가스펠 프로젝트》는 예수 그리스도 중심, 즉 복음 중심의 제자 양육 교재입니다. 복음은 구원하는 능력뿐만 아니라 삶을 변화시키는 능력입니다. 성도들을 변화와 성숙으로 이끌어 주는 귀한 교재가 조국 교회와 이민 교회에 소중하게 쓰임받기를 바랍니다. 특별히 이민 2세들은 영어 교재 원본을 사용할 수 있는 까닭에 큰 도움이 될 것입니다.

**강준민** _ LA 새생명비전교회 담임 목사

✠    하나님의 말씀은 생명을 살리고 힘 있게 하는 능력이 있습니다. 그래서 사역 현장에서는 그것을 효율적으로 전해 주고 가르칠 수 있는 좋은 방법과 교재에 늘 목말라합니다. 그런 점에서 연령대에 맞게 체계적으로 준비되어 사역 현장의 필요를 잘 충족해 줄 교재가 출간되어 기쁩니다. 사역의 현장에서 유용하게 활용되어 복음의 생명력과 역동성을 누리게 되기를 기대하며 추천합니다.

**김운용** _ 장로회신학대학교 실천신학 교수

✠    성경은 하나님의 말씀입니다. 말씀 중의 말씀, 복음은 예수 그리스도이십니다.《가스펠 프로젝트》는 하나님의 말씀으로 우리를 초청해서 예수 그리스도를 만나게 하고 사랑하게 만드는 훌륭한 교재입니다.《가스펠 프로젝트》의 매력은 하나의 커리큘럼을 가지고 연령대에 적합하게 공부하도록 제공한다는 점입니다. 자녀들이 교회 학교에서, 부모들이 소그룹에서 말씀을 공부한 후 저녁 식탁에 둘러앉아 예수님에 관해 함께 나눌 수 있다는 것은, 상상만 해도 너무나도 멋지고 복된 일입니다.

**김지철** _ 전 소망교회 담임 목사

✠    예수님은 친히 요한복음 5장 39절에서, 모든 성경은 예수님 자신에 대한 증거라고 말씀하셨습니다. 그럼에도 불구하고, 성도들은 그 속에서 예수님이라는 보석을 쉽게 찾아내지 못하고 있습니다.《가스펠 프로젝트》는 신앙생활을 출발하는 어린이부터 장년까지 이런 눈을 활짝 열어 주는 놀라운 교재입니다. 요람에서부터 무덤까지 각 연령대에 맞게 구성된《가스펠 프로젝트》성경 공부 교재를 통해, 한국 교회와 이민 교회가 잃어버린 예수님을 다시 발견함으로 견고하게 되기를 바랍니다.

**최병락** _ 강남중앙침례교회 담임 목사

✠    성경은 그 깊이와 너비를 측량하기 어려운 광활한 바다입니다. 이 바다를 무턱대고 항해하다 보면 장구한 역사의 파도와 다양한 문학 양식이라는 바람에 의해 표류하기 쉽습니다. 그런 점에서《가스펠 프로젝트》는 참 훌륭한 나침반입니다. 건전한 교리를 바탕으로 성경 어디에서나 그리스도를 발견하도록 돕고, 복음이라는 항구에 이르도록 이끌어 줍니다. 이미 구약 시리즈를 통해 검증되었듯이, 이어지는 신약 시리즈 역시 말씀의 바다를 항해하는 모든 분에게 큰 유익을 줄 것입니다. 기쁜 마음으로 추천합니다.

**허요환** _ 안산제일교회 담임 목사

# 활용법

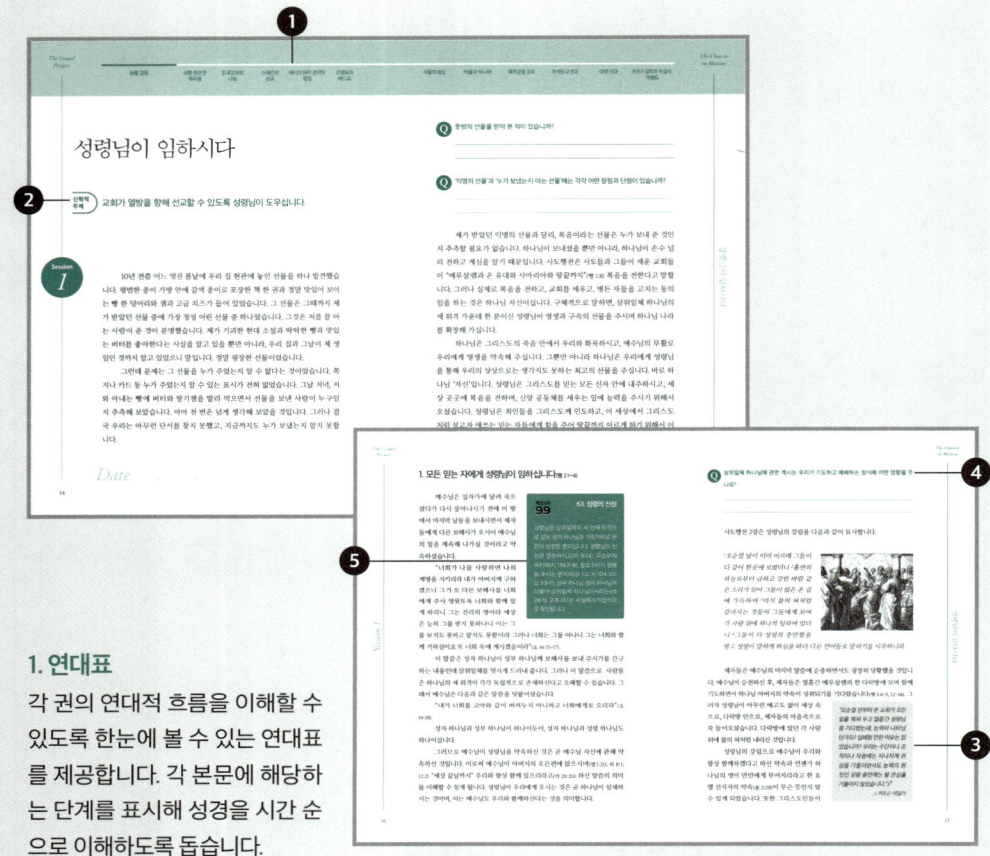

## 1. 연대표
각 권의 연대적 흐름을 이해할 수 있도록 한눈에 볼 수 있는 연대표를 제공합니다. 각 본문에 해당하는 단계를 표시해 성경을 시간 순으로 이해하도록 돕습니다.

## 2. 신학적 주제
하나님이 구속사에서 행하신 일에 초점을 맞춰 본문을 이해하도록 주제를 제시해 본문의 흐름을 놓치지 않도록 돕습니다.

## 3. 명언 등
세계 기독교 역사에서 영향력 있는 인물들의 명언이나 글 가운데 세션의 주제와 관련 있는 내용을 발췌해 제공합니다.

## 4. 관찰 질문
본문을 구체적으로 이해하도록 하는 질문을 제공합니다. 이를 통해 생각의 폭을 넓히고 성경의 진리를 실제적으로 받아들이는 데 도움을 받을 수 있습니다.

## 5. 핵심교리 99
기독교 교리 가운데 핵심이 되는 99개의 내용을 추려 각 세션에 해당하는 교리를 제시합니다. 성경 본문에 대한 신학적 이해를 넓히는 데 도움을 받을 수 있습니다.

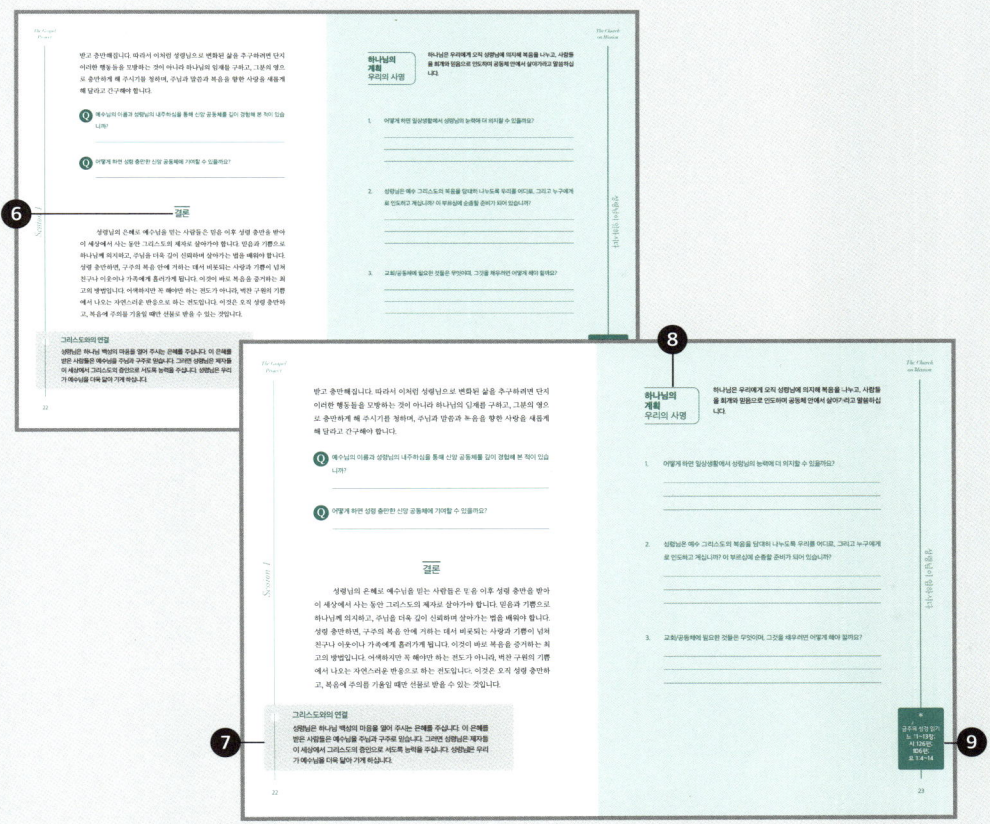

## 6. 결론
각 세션의 포인트를 정리하고 예수 그리스도와 연결해 세션의 결론을 제시합니다.

## 7. 그리스도와의 연결
해당 본문과 주제가 어떻게 예수 그리스도를 가리키며 연결되는지 자세히 살핍니다. 예수님과 각 세션 포인트의 상관성을 발견할 수 있도록 돕습니다.

## 8. 하나님의 계획, 우리의 사명
각 세션에서 드러난 하나님의 계획을 우리의 사명과 연결해 말씀을 구체적으로 삶에 적용하도록 돕습니다.

## 9. 금주의 성경 읽기
각 세션의 연대기적 흐름에 맞춰 한 주 동안 읽을 성경 본문을 제공합니다.

능력 주시는
성령님

**암송 구절**

베드로가 이르되 너희가 회개하여 각각 예수 그리스도의 이름으로 세례를 받고 죄 사함을 받으라 그리하면 성령의 선물을 받으리니 이 약속은 너희와 너희 자녀와 모든 먼 데 사람 곧 주 우리 하나님이 얼마든지 부르시는 자들에게 하신 것이라 하고 또 여러 말로 확증하며 권하여 이르되 너희가 이 패역한 세대에서 구원을 받으라 하니
사도행전 2장 38~40절

# 성령님이 임하시다

신학적
주제 ) 교회가 열방을 향해 선교할 수 있도록 성령님이 도우십니다.

Session
1

　　　　　　　10년 전쯤 어느 멋진 봄날에 우리 집 현관에 놓인 선물을 하나 발견했습니다. 평범한 종이 가방 안에 갈색 종이로 포장한 책 한 권과 정말 맛있어 보이는 빵 한 덩어리와 잼과 고급 치즈가 들어 있었습니다. 그 선물은 그때까지 제가 받았던 선물 중에 가장 정성 어린 선물 중 하나였습니다. 그것은 저를 잘 아는 사람이 준 것이 분명했습니다. 제가 기괴한 현대 소설과 딱딱한 빵과 맛있는 버터를 좋아한다는 사실을 알고 있을 뿐만 아니라, 우리 집과 그날이 제 생일인 것까지 알고 있었으니 말입니다. 정말 굉장한 선물이었습니다.

　　　　　　　그런데 문제는 그 선물을 누가 주었는지 알 수 없다는 것이었습니다. 쪽지나 카드 등 누가 주었는지 알 수 있는 표시가 전혀 없었습니다. 그날 저녁, 저와 아내는 빵에 버터와 딸기잼을 발라 먹으면서 선물을 보낸 사람이 누구일지 추측해 보았습니다. 아마 천 번은 넘게 생각해 보았을 것입니다. 그러나 결국 우리는 아무런 단서를 찾지 못했고, 지금까지도 누가 보냈는지 알지 못합니다.

*Date* 　　.　　.

**Q** 뜻밖의 선물을 받아 본 적이 있습니까?

_____

_____

**Q** '익명의 선물'과 '누가 보냈는지 아는 선물'에는 각각 어떤 장점과 단점이 있습니까?

_____

_____

제가 받았던 익명의 선물과 달리, 복음이라는 선물은 누가 보내 준 것인지 추측할 필요가 없습니다. 하나님이 보내셨을 뿐만 아니라, 하나님이 손수 널리 전하고 계심을 알기 때문입니다. 사도행전은 사도들과 그들이 세운 교회들이 "예루살렘과 온 유대와 사마리아와 땅끝까지"(행 1:8) 복음을 전한다고 말합니다. 그러나 실제로 복음을 전하고, 교회를 세우고, 병든 자들을 고치는 등의 일을 하는 것은 하나님 자신이십니다. 구체적으로 말하면, 삼위일체 하나님의 세 위격 가운데 한 분이신 성령님이 영생과 구속의 선물을 주시며 하나님 나라를 확장해 가십니다.

하나님은 그리스도의 죽음 안에서 우리와 화목하시고, 예수님의 부활로 우리에게 영생을 약속해 주십니다. 그뿐만 아니라 하나님은 우리에게 성령님을 통해 우리의 상상으로는 생각지도 못하는 최고의 선물을 주십니다. 바로 하나님 '자신'입니다. 성령님은 그리스도를 믿는 모든 신자 안에 내주하시고, 세상 곳곳에 복음을 전하며, 신앙 공동체를 세우는 일에 능력을 주시기 위해서 오셨습니다. 성령님은 죄인들을 그리스도께 인도하고, 이 세상에서 그리스도처럼 살고자 애쓰는 믿는 자들에게 힘을 주어 땅끝까지 이르게 하기 위해서 이 땅에 오셨습니다.

성령님이 임하시다

# 1. 모든 믿는 자에게 성령님이 임하십니다(행 2:1~4)

예수님은 십자가에 달려 죽으셨다가 다시 살아나시기 전에 이 땅에서 마지막 날들을 보내시면서 제자들에게 다른 보혜사가 오시어 예수님의 일을 계속해 나가실 것이라고 약속하셨습니다.

"너희가 나를 사랑하면 나의 계명을 지키리라 내가 아버지께 구하겠으니 그가 또 다른 보혜사를 너희에게 주사 영원토록 너희와 함께 있게 하리니 그는 진리의 영이라 세상은 능히 그를 받지 못하나니 이는 그

> **핵심교리**
> **99**
> **63. 성령의 신성**
>
> 성령님은 삼위일체의 세 번째 위격으로 성부, 성자 하나님과 마찬가지로 완전히 신성한 분이십니다. 성령님의 신성은 영원하시고(히 9:14), 무소부재하시며(시 139:7~8), 창조주이자 생명을 주시는 분이며(창 1:2; 시 104:30; 요 3:5~7), 성부 하나님, 성자 하나님과 더불어 삼위일체 하나님이시라는(마 28:19; 고후 13:13) 사실에서 직접적으로 확인됩니다.

를 보지도 못하고 알지도 못함이라 그러나 너희는 그를 아나니 그는 너희와 함께 거하심이요 또 너희 속에 계시겠음이라"(요 14:15~17).

이 말씀은 성자 하나님이 성부 하나님께 보혜사를 보내 주시기를 간구하는 내용인데 삼위일체를 멋지게 드러내 줍니다. 그러나 이 말씀으로 사람들은 하나님의 세 위격이 각각 독립적으로 존재하신다고 오해할 수 있습니다. 그래서 예수님은 다음과 같은 말씀을 덧붙이셨습니다.

"내가 너희를 고아와 같이 버려두지 아니하고 너희에게로 오리라"(요 14:18).

성자 하나님과 성부 하나님이 하나이듯이, 성자 하나님과 성령 하나님도 하나이십니다. 그러므로 예수님이 성령님을 약속하신 것은 곧 예수님 자신에 관해 약속하신 것입니다. 이로써 예수님이 아버지의 오른편에 앉으시며(엡 1:20; 히 8:1; 12:2) "세상 끝날까지" 우리와 항상 함께 있으리라고(마 28:20) 하신 말씀의 의미를 이해할 수 있게 됩니다. 성령님이 우리에게 오시는 것은 곧 하나님이 임재하시는 것이며, 이는 예수님도 우리와 함께하신다는 것을 의미합니다.

**Q** 삼위일체 하나님에 관한 계시는 우리가 기도하고 예배하는 방식에 어떤 영향을 주나요?

---

사도행전 2장은 성령님의 강림을 다음과 같이 묘사합니다.

[1]오순절 날이 이미 이르매 그들이 다 같이 한곳에 모였더니 [2]홀연히 하늘로부터 급하고 강한 바람 같은 소리가 있어 그들이 앉은 온 집에 가득하며 [3]마치 불의 혀처럼 갈라지는 것들이 그들에게 보여 각 사람 위에 하나씩 임하여 있더니 [4]그들이 다 성령의 충만함을 받고 성령이 말하게 하심을 따라 다른 언어들로 말하기를 시작하니라

제자들은 예수님의 마지막 말씀에 순종하면서도 굉장히 당황했을 것입니다. 예수님이 승천하신 후, 제자들은 열흘간 예루살렘의 한 다락방에 모여 함께 기도하면서 하나님 아버지의 약속이 성취되기를 기다렸습니다(행 1:4~5, 12~14). 그러자 성령님이 아무런 예고도 없이 세상 속으로, 다락방 안으로, 제자들의 마음속으로 쑥 들어오셨습니다. 다락방에 있던 각 사람 위에 불의 혀처럼 내리신 것입니다.

성령님의 강림으로 예수님이 우리와 항상 함께하겠다고 하신 약속과 언젠가 하나님의 영이 만민에게 부어지리라고 한 요엘 선지자의 약속(욜 2:28)이 무슨 뜻인지 알 수 있게 되었습니다. 또한 그리스도인들이

> "오순절 전부터 온 교회가 모든 일을 제쳐 두고 열흘간 성령님을 기다렸는데, 능력이 나타났던가요? 실패할 만한 이유는 없었습니까? 우리는 수단이나 조직이나 자원에는 지나치게 관심을 기울이면서도 능력의 원천인 성령 충만에는 별 관심을 기울이지 않았습니다."[1]
>
> _J. 허드슨 테일러

세상에서 맡게 될 역할이 무엇인지도 알 수 있게 되었습니다. 그리스도인은 예수님이 하신 일을 기리기 위해 존재하는 신실한 무리일 뿐만 아니라, 세상에서 선을 행하는 하나님의 대사이자 선교를 위해 하나님이 쓰시는 그릇입니다. 하나님이 세상에서 성령님으로 말미암아 교회를 통해 일하실 때, 하나님 나라는 계속해서 확장해 나갈 것입니다.

Q 성령 충만에 관해 어떻게 생각하며, 어떤 기대를 합니까?

Q 성령님의 내주하심으로 신자들의 삶은 어떻게 변화될까요?

## 2. 복음 전파를 위해 성령님이 임하십니다(행 2:22~40)

성령 충만해진 사도 베드로가 모여든 큰 무리 앞에 서서 설교하기 시작했습니다.

22 이스라엘 사람들아 이 말을 들으라 너희도 아는 바와 같이 하나님께서 나사렛 예수로 큰 권능과 기사와 표적을 너희 가운데서 베푸사 너희 앞에서 그를 증언하셨느니라 23 그가 하나님께서 정하신 뜻과 미리 아신 대로 내준 바 되었거늘 너희가 법 없는 자들의 손을 빌려 못 박아 죽였으나 24 하나님께서 그를 사망의 고통에서 풀어 살리셨으니 이는 그가 사망에 매여 있을 수 없었음이라 25 다윗이 그를 가리켜 이르되 내가 항상 내 앞에 계신 주를 뵈었음이여 나로 요동하지 않게 하기 위하여 그가 내 우편에 계시도다 26 그러므로 내 마음이 기뻐하였고 내 혀도 즐거워하였으며 육체도 희망에 거하리니 27 이는 내 영혼을 음부에 버리지 아니하시며 주

의 거룩한 자로 썩음을 당하지 않게 하실 것임이로다 [28]주께서 생명의 길을 내게 보이셨으니 주 앞에서 내게 기쁨이 충만하게 하시리로다 하였으므로 [29]형제들아 내가 조상 다윗에 대하여 담대히 말할 수 있노니 다윗이 죽어 장사되어 그 묘가 오늘까지 우리 중에 있도다 [30]그는 선지자라 하나님이 이미 맹세하사 그 자손 중에서 한 사람을 그 위에 앉게 하리라 하심을 알고 [31]미리 본 고로 그리스도의 부활을 말하되 그가 음부에 버림이 되지 않고 그의 육신이 썩음을 당하지 아니하시리라 하더니 [32]이 예수를 하나님이 살리신지라 우리가 다 이 일에 증인이로다 [33]하나님이 오른손으로 예수를 높이시매 그가 약속하신 성령을 아버지께 받아서 너희가 보고 듣는 이것을 부어 주셨느니라 [34]다윗은 하늘에 올라가지 못하였으나 친히 말하여 이르되 주께서 내 주에게 말씀하시기를 [35]내가 네 원수로 네 발등상이 되게 하기까지 너는 내 우편에 앉아 있으라 하셨도다 하였으니 [36]그런즉 이스라엘 온 집은 확실히 알지니 너희가 십자가에 못 박은 이 예수를 하나님이 주와 그리스도가 되게 하셨느니라 하니라 [37]그들이 이 말을 듣고 마음에 찔려 베드로와 다른 사도들에게 물어 이르되 형제들아 우리가 어찌할꼬 하거늘 [38]베드로가 이르되 너희가 회개하여 각각 예수 그리스도의 이름으로 세례를 받고 죄 사함을 받으라 그리하면 성령의 선물을 받으리니 [39]이 약속은 너희와 너희 자녀와 모든 먼 데 사람 곧 주 우리 하나님이 얼마든지 부르시는 자들에게 하신 것이라 하고 [40]또 여러 말로 확증하며 권하여 이르되 너희가 이 패역한 세대에서 구원을 받으라 하니

| 이 설교에서 예수님의 복음이 어떻게 전달되고 있습니까? | 이 설교는 복음 전도 방법에 어떤 영향을 미치게 될까요? |
|---|---|
| | |

베드로는 도저히 참을 수가 없었습니다. 가슴이 터질 듯이 설교하며 예수님이 죄와 죽음이라는 무거운 짐에서 이스라엘을 해방시키기 위해 오신 메시아이심을 선포했습니다. 그는 "예수님은 죽은 자 가운데서 부활하시어 하나님 아버지의 오른편에 앉으신 주님이자 메시아"이시라고 말했습니다. 그러나 이것은 그냥 베드로가 아닌 '성령 충만한' 베드로가 한 말이었습니다. 성령

> "그들은 하나님의 아들을 믿지 않는 사람들에게 그분에 대한 믿음을 설교했고, 하나님이 보내기로 약속하셨던 그리스도로 이 땅에 오셨으나 십자가에 못 박히셨다가 부활하신 예수님에 관한 선지서들로 그들을 설득했습니다."[2]
> _이레나이우스

님이 주장하셔서 베드로의 입에서 흘러나온 것입니다. 그는 큰 무리가 모두 복음을 알 수 있도록 예수님의 이야기를 구약의 말씀과 엮어서 들려주었습니다.

사도행전을 읽으면서 우리는 성령님이 우리로 하여금 말하도록 강권하신다는 사실을 배우게 됩니다. 세상에 나아가 하나님이 예수님 안에서 이루신 화목의 좋은 소식을 나누는 선교는 바로 성령님의 마음을 반영한 것입니다. 성령님은 누구보다도 성부 하나님과 성자 예수님의 사역을 열렬히 환영하시는 분입니다.

이러한 사실을 알게 되었다면, 전도에 관한 생각을 극적으로 바꾸어야 합니다. 당신이 나와 같다면, 언제 믿음을 나누어야 할지, 언제 예수님에 관한 이야기를 시작해야 할지 몰라 우물쭈물하곤 할 것입니다. 대화하는 기법을 배울 필요가 있다고 생각할지도 모릅니다. 실제로 많은 교회가 전도 학교를 개설하는데, 잘하고 있다고 봅니다. 그러나 가장 기초적인 단계에서 복음을 담대하게 전하는 가장 쉬운 방법은 성령 충만을 위해 기도하는 것입니다(엡 5:18~19; 참조, 행 13:50~52).

**Q** 그리스도인으로 하여금 복음을 전하지 못하게 막는 장애물들은 무엇입니까?

**Q** 그런 장애물들을 극복하고 전도에 힘을 쏟는 데 성령 충만은 어떻게 도움이 됩니까?

## 3. 신앙 공동체를 세우기 위해 성령님이 임하십니다(행 2:41~47)

[41]그 말을 받은 사람들은 세례를 받으매 이날에 신도의 수가 삼천이나 더하더라 [42]그들이 사도의 가르침을 받아 서로 교제하고 떡을 떼며 오로지 기도하기를 힘쓰니라 [43]사람마다 두려워하는데 사도들로 말미암아 기사와 표적이 많이 나타나니 [44]믿는 사람이 다 함께 있어 모든 물건을 서로 통용하고 [45]또 재산과 소유를 팔아 각 사람의 필요를 따라 나눠 주며 [46]날마다 마음을 같이하여 성전에 모이기를 힘쓰고 집에서 떡을 떼며 기쁨과 순전한 마음으로 음식을 먹고 [47]하나님을 찬미하며 또 온 백성에게 칭송을 받으니 주께서 구원받는 사람을 날마다 더하게 하시니라

본문에서 하나님의 은혜와 일하심의 흔적을 찾아볼 수 있습니다. 예수님과 사도들의 사역의 특징이 된 기적들, 즉 병자를 고치거나 귀신을 내쫓는 등의 표적과 기사를 말합니다. 그러나 감지하기 힘든 기적들도 있습니다. 신자들은 가진 것을 서로 나누었고, 그들 중에 궁핍한 사람들에게 나누어 주기 위해 재산과 소유를 팔았으며, 정기적으로 모여 함께 식사를 했습니다.

성령님이 우리 마음에 임하시면, 하나님과 이웃을 향한 사랑이 흘러넘치기 시작합니다. 특히 믿음을 나누는 이웃에게 그렇습니다. 하나님과 사람들을 향한 두 줄기 사랑이 그리스도인의 삶 전체를 이끄는 원동력이 됩니다. 하나님을 향한 사랑으로 세상에 복음을 전하고, 형제자매를 향한 사랑으로 하나님의 백성과 풍성하면서도 깊은 관계를 맺기 때문입니다.

사도행전 2장에서 펼쳐지는 광경은 하나님의 영이라는 선물이 가져온 결과입니다. 조종되거나 조작되거나 만들어질 수 없습니다. 복음으로 믿음을 갖게 된 열린 마음들이 성부 하나님과 성자 하나님에게서 이 선물, 즉 성령님을

> "하나님은 당신이 할 수 없는 일도 하라고 하실까요? 물론입니다. 항상 그렇습니다! 하나님 나라와 그 영광을 위해 그래야만 합니다. 우리 힘으로 일을 해내면 영광은 우리 몫이 됩니다. 그러나 우리 안에 계신 성령님의 능력대로 해낸다면 하나님이 영광을 얻으십니다. 하나님은 온 세상에 자신을 드러내길 원하십니다."[3]
>
> _헨리 블랙커비 & 멜빈 블랙커비

성령님이 임하시다

받고 충만해집니다. 따라서 이처럼 성령님으로 변화된 삶을 추구하려면 단지 이러한 행동들을 모방하는 것이 아니라 하나님의 임재를 구하고, 그분의 영으로 충만하게 해 주시기를 청하며, 주님과 말씀과 복음을 향한 사랑을 새롭게 해 달라고 간구해야 합니다.

**Q** 예수님의 이름과 성령님의 내주하심을 통해 신앙 공동체를 깊이 경험해 본 적이 있습니까?

**Q** 어떻게 하면 성령 충만한 신앙 공동체에 기여할 수 있을까요?

# 결론

성령님의 은혜로 예수님을 믿는 사람들은 믿음 이후 성령 충만을 받아 이 세상에서 사는 동안 그리스도의 제자로 살아가야 합니다. 믿음과 기쁨으로 하나님께 의지하고, 주님을 더욱 깊이 신뢰하며 살아가는 법을 배워야 합니다. 성령 충만하면, 구주의 복음 안에 거하는 데서 비롯되는 사랑과 기쁨이 넘쳐 친구나 이웃이나 가족에게 흘러가게 됩니다. 이것이 바로 복음을 증거하는 최고의 방법입니다. 어색하지만 꼭 해야만 하는 전도가 아니라, 벅찬 구원의 기쁨에서 나오는 자연스러운 반응으로 하는 전도입니다. 이것은 오직 성령 충만하고, 복음에 주의를 기울일 때만 선물로 받을 수 있습니다.

## 그리스도와의 연결

성령님은 하나님 백성의 마음을 열어 주시는 은혜를 주십니다. 이 은혜를 받은 사람들은 예수님을 주님과 구주로 믿습니다. 그러면 성령님은 제자들이 세상에서 그리스도의 증인으로 서도록 능력을 주십니다. 성령님은 우리가 예수님을 더욱 닮아 가게 하십니다.

| 하나님의
계획
우리의 사명 | 하나님은 우리에게 오직 성령님에 의지해 복음을 나누고, 사람들을 회개와 믿음으로 인도하며 공동체 안에서 살아가라고 말씀하십니다. |

1. 어떻게 하면 일상생활에서 성령님의 능력에 더 의지할 수 있을까요?

   _____

   _____

   _____

2. 성령님은 예수 그리스도의 복음을 담대히 나누도록 우리를 어디로, 그리고 누구에게로 인도하고 계십니까? 이 부르심에 순종할 준비가 되어 있습니까?

   _____

   _____

   _____

3. 교회/공동체에 필요한 것들은 무엇이며, 그것을 채우려면 어떻게 해야 할까요?

   _____

   _____

   _____

성령님이 인도하시다

*

금주의 성경 읽기
느 11~13장;
시 126편;
106편;
요 1:4~14

# 예수님의 이름으로 성령 충만한 사역을 하다

신학적 주제 > 복음은 그리스도에 관한 담대하고 은혜로운 증거를 통해 전파됩니다.

**Session 2**

살다 보면, 갑자기 대담무쌍해져서 위험을 무릅쓰고 용감하게 행동하게 되는 때가 있습니다. 자녀를 구하기 위해 회색곰에 맞선 어머니의 이야기처럼 담대한 행동으로 감동을 주는 이야기들을 종종 듣게 됩니다. 경찰관과 소방관은 위기의 순간에 대담하고도 용감한 결정을 내리곤 합니다. 그러나 담대함을 요구하는 일에 늘 사활이 걸려 있는 것은 아닙니다.

**Q** 인생에서 담대하게 행동한 적이 있습니까?

**Q** 그렇게 담대하게 행동할 수 있었던 계기나 원동력은 무엇이었습니까?

*Date* . .

그리스도인으로 살려면 담대해야 합니다. 그리스도인의 담대함은 스스로 용기를 낸다고 생기는 것이 아니라, 구원자의 영광을 위해서 살도록 힘주시는 성령님과 예수님을 향한 믿음을 통해서 오는 것입니다. 우리는 예수님을 우리 삶의 최우선 순위에 놓고, 주님의 이름을 위해서 하는 행동으로 그것을 증명해야 합니다. 복음이 진리라고 확신한다면, 하나님께 담대함을 간구하며 진리를 선포함으로써 믿음을 토대로 행동해야 합니다. 우리는 마땅히 복음을 위해 담대하게 말하고 행동해야 합니다.

## 1. 하나님의 백성은 선행을 베풀고, 예수님께 영광을 돌립니다

(행 3:1~10; 4:5~12)

[1]제 구 시 기도 시간에 베드로와 요한이 성전에 올라갈새 [2]나면서 못 걷게 된 이를 사람들이 메고 오니 이는 성전에 들어가는 사람들에게 구걸하기 위하여 날마다 미문이라는 성전 문에 두는 자라 [3]그가 베드로와 요한이 성전에 들어가려 함을 보고 구걸하거늘 [4]베드로가 요한과 더불어 주목하여 이르되 우리를 보라 하니 [5]그가 그들에게서 무엇을 얻을까 하여 바라보거늘 [6]베드로가 이르되 은과 금은 내게 없거니와 내게 있는 이것을 네게 주노니 나사렛 예수 그리스도의 이름으로 일어나 걸으라 하고 [7]오른손을 잡아 일으키니 발과 발목이 곧 힘을 얻고 [8]뛰어 서서 걸으며 그들과 함께 성전으로 들어가면서 걷기도 하고 뛰기도 하며 하나님을 찬송하니 [9]모든 백성이 그 걷는 것과 하나님을 찬송함을 보고 [10]그가 본래 성전 미문에 앉아 구걸하던 사람인 줄 알고 그에게 일어난 일로 인하여 심히 놀랍게 여기며 놀라니라
……
[5]이튿날 관리들과 장로들과 서기관들이 예루살렘에 모였는데 [6]대제사장

안나스와 가야바와 요한과 알렉산더와 및 대제사장의 문중이 다 참여하여 [7]사도들을 가운데 세우고 묻되 너희가 무슨 권세와 누구의 이름으로 이 일을 행하였느냐 [8]이에 베드로가 성령이 충만하여 이르되 백성의 관리들과 장로들아 [9]만일 병자에게 행한 착한 일에 대하여 이 사람이 어떻게 구원을 받았느냐고 오늘 우리에게 질문한다면 [10]너희와 모든 이스라엘 백성들은 알라 너희가 십자가에 못 박고 하나님이 죽은 자 가운데서 살리신 나사렛 예수 그리스도의 이름으로 이 사람이 건강하게 되어 너희 앞에 섰느니라 [11]이 예수는 너희 건축자들의 버린 돌로서 집 모퉁이의 머릿돌이 되었느니라 [12]다른 이로써는 구원을 받을 수 없나니 천하 사람 중에 구원을 받을 만한 다른 이름을 우리에게 주신 일이 없음이라 하였더라

이 이야기에서 우리는 성령님의 능력으로 행해진 두 가지 사례, 곧 나면서 못 걷게 된 이를 고친 일과 유대교 지도자들에게 예수님에 관해 증거한 일을 볼 수 있습니다. 베드로와 요한에게는 이 일들을 가능케 하실 성령님이 필요했습니다. 베드로는 성령님의 임재와 능력을 신뢰함으로써 못 걷는 이에게 은과 금보다 훨씬 더 좋은 치유라는 선물을 주었습니다. 그러나 자기 이름이 아닌 "나사렛 예수 그리스도의 이름"으로 주었습니다. 그가 고침받고 치유를 얻은 것은 다른 사람들로 하여금 예수님에 관해 듣게 하기 위해서였습니다.

**Q** 우리가 예수님의 이름으로 선행을 베풀고 있는지 확인하려면 어떤 확신이 있어야 할까요?

**Q** 예수님의 이름으로 베푸는 선행은 어떻게 다른 사람들로 하여금 예수님에 관해 듣게 하는 걸까요?

베드로는 공공장소에서 모두가 볼 수 있도록 나면서 못 걷게 된 이에게 일어나 걸으라고 명했습니다. 그러자 그가 베드로의 손을 잡고 일어서서 걷기도 하고 뛰기도 하면서 하나님을 찬양했습니다. 기적을 보고 놀란 사람들이 주

위로 몰려들었습니다. 베드로는 이 엄청난 기회를 놓치지 않고, 그들에게 예수님이 십자가에 못 박혔다가 부활하신 메시아이시며, 바로 그분의 이름으로 나면서 못 걷게 된 이가 고침을 받았다고 설교했습니다(행 3:11~26).

이 일로 구속된 베드로와 요한은 유대교 지도자들 앞에 불려 가 자신들의 행동을 해명하게 되었습니다(행 4:1~3). 이때 베드로의 반응은 가히 혁명적이었습니다. 그는 위기를 모면하기 위해 모르는 일이라고 하거나, 예수님의 이름과 상관없다고 주장할 수도 있었습니다(예전에 베드로가 예수님을 부인한 사건으로 인해 겪었던 일을 기억해

> ### 핵심교리 **99**   64. 성령의 인격성
>
> 성경은 성령님의 온전한 신성뿐 아니라 인격으로서의 지위도 단언합니다. 많은 사람이 성령님을 인격이 아닌 힘이나 능력으로 오해해 왔습니다. 그러나 성경은 성령님이 인격을 가진 분으로 대우받으시고(행 5:3, 7:51; 히 10:29), 인격을 가진 분으로 행동하시며(요 14:26, 15:26; 롬 8:14), 인격을 가진 분으로 태도를 취하시고(고전 2:10~11; 엡 4:30), 인격적인 방식으로 행동하신다는(사 63:10; 행 13:2) 점을 들어 성령님의 인격으로서의 지위를 확언합니다. 이 외에도 성경은 그리스도인들이 성령님과 인격적인 관계를 맺는다는 점을 확증하고 있습니다(행 5:3~4, 7:51).

보십시오). 그러나 이번에는 그들과 정면으로 맞섰습니다.

"우리는 당신들이 십자가에 못 박았으나 하나님이 죽은 자 가운데서 다시 살리신 예수님의 이름으로 병을 고쳐 준 것이오."

그는 예수님에 대한 그들의 증오에 맞섰으며, 그들이 메시아를 죽였음을 분명히 했습니다. 베드로는 주목받으려고 종교 지도자들에게 담대하게 맞선 것이 아니었습니다. 그는 예수님이 어떤 분이신지에 관한 진리를 말해 주었을 뿐입니다. 즉 예수님은 모든 창조의 초석이시자 구원의 유일한 원천이심을 말한 것입니다.

 '구원으로 가는 길은 예수님밖에 없다'고 선언하면, 어떤 위험이 따를까요?

## 2. 하나님의 백성은 예수님께 절대적으로 충성합니다(행 4:13~22)

*13그들이 베드로와 요한이 담대하게 말함을 보고 그들을 본래 학문 없는 범인으로 알았다가 이상히 여기며 또 전에 예수와 함께 있던 줄도 알고 14또 병 나은 사람이 그들과 함께 서 있는 것을 보고 비난할 말이 없는 지라 15명하여 공회에서 나가라 하고 서로 의논하여 이르되 16이 사람들을 어떻게 할까 그들로 말미암아 유명한 표적 나타난 것이 예루살렘에 사는 모든 사람에게 알려졌으니 우리도 부인할 수 없는지라 17이것이 민간에 더 퍼지지 못하게 그들을 위협하여 이후에는 이 이름으로 아무에게도 말하지 말게 하자 하고 18그들을 불러 경고하여 도무지 예수의 이름으로 말하지도 말고 가르치지도 말라 하니*

유대교 지도자들은 예수님이 어떤 분이신지 알아보지 못한 분명한 잘못과 그들 목전에서 행해진 기적을 인정하지 않았습니다. 그들은 군인들에게 돈을 주어 제자들이 예수님의 시신을 무덤에서 도둑질해 갔다고 말하게 했던 것처럼(마 28:11~15) 예수님의 이름으로 말하지도 말고 가르치지도 말라고 위협했습니다. 그들의 이런 반응은 유별난 게 아니었습니다.

지난 2,000년 동안 종교, 정치, 문화 등 각 분야의 지도자들은 예수님의 이름을 금지하고, 그분을 따르는 자들의 입을 막으려고 노력해 왔습니다. 그들은 때로는 폭력적으로 그 일을 행했습니다.

때로는 미묘한 방식으로 예수님의 이름을 입에도 올리지 못하게 했습니다. 일부 학계는 예수님의 역사적 실체를 의심하고, 어떤 정치 세력은 정통성을 버리고 시류에 맞는 윤리를 수용하라고 그리스도인들을 압박합니다. 우리 주변에 예수님을 거부하는 친구나 이웃들도 그렇게 합니다.

 예수님에 관해 증거하지 말라는 압박을 어떤 식으로 받아 봤습니까?

예수님을 폄하하는 압력을 이겨 내려면, 다음의 세 가지가 필요합니다. 첫째, 예수님께 시선을 고정해야 합니다. 즉 그분이 누구이시며, 그분의 삶과 죽음과 부활이 우리에게 무엇을 가져다주었는지에 집중해야 합니다. 성경은 하나님을 '기억하라'는 훈계로 가득합니다. 우리는 건망증이 심한 피조물입니다. 게다가 모든 면에서 신앙에 반대되는 이야기를 들려주는 세상에 물들어 있습니다. 압력을 받으면서도 예수님의 이름을 선포할 준비가 되려면, 예수님의 이름을 꾸준히 기억할 필요가 있습니다.

"만일 그리스도인으로서 하나님을 알고 그분께 순종하는 데 온전히 헌신된 삶을 살 계획이 아니라면 시작하지도 마십시오. 왜냐하면 이것이 기독교의 전부이기 때문입니다. 시민권이 바뀌는 것이고, 통치자가 바뀌는 것이며, 충성할 대상이 바뀌는 것입니다. 그리스도께서 다스리시는 삶을 살 생각이 없다면, 기독교는 잊어버리십시오. 당신을 위한 것이 아니기 때문입니다."[1]

_케이 아더

둘째, 하나님의 백성끼리 모임을 가져야 합니다. 교회에서 모일 때, 소망과 믿음을 고백하고 함께하시는 구원자를 상기하게 됩니다(히 10:23~25). 또한 우리는 세상과 다른 하나님 나라의 시민이며, 우리가 사는 세상의 정치·사회적 권위와는 다른 권위 아래 있음을 기억해야 합니다.

셋째, 성령 충만함으로 담대함을 얻어야 합니다. 사도행전 4장 19~22절에 따르면, 베드로와 요한은 바로 이 순간을 위해 준비되어 있었습니다. 하나님의 영으로 충만했던 그들은 유대교 지도자들이 원하는 대로 예수님을 부인하지 않았고, 믿음과 담대함으로 억압자들에게 맞섰습니다.

[19]베드로와 요한이 대답하여 이르되 하나님 앞에서 너희의 말을 듣는 것이 하나님의 말씀을 듣는 것보다 옳은가 판단하라 [20]우리는 보고 들은 것을 말하지 아니할 수 없다 하니 [21]관리들이 백성들 때문에 그들을 어떻게 처벌할지 방법을 찾지 못하고 다시 위협하여 놓아 주었으니 이는 모든 사람이 그 된 일을 보고 하나님께 영광을 돌림이라 [22]이 표적으로 병 나은 사람은 사십여 세나 되었더라

성령 충만을 받은 베드로와 요한은 자신들이 보고 들은 것을 말할 수밖에 없음을 호소하며, 유대교 지도자들의 명령에 순종하지 않았습니다(행 4:8~20). 이처럼 복음을 전하는 가장 강력한 도구는 복음으로 변화된 우리 자신의 이야기입니다.

 우리가 복음을 받아들이고 믿게 된 이야기가 어떻게 다른 사람들에게 복음을 전하는 계기가 되나요?

## 3. 하나님의 백성은 담대하게 기도하고 설교합니다(행 4:23~31)

²³사도들이 놓이매 그 동료에게 가서 제사장들과 장로들의 말을 다 알리니 ²⁴그들이 듣고 한마음으로 하나님께 소리를 높여 이르되 대주재여 천지와 바다와 그 가운데 만물을 지은 이시요 ²⁵또 주의 종 우리 조상 다윗의 입을 통하여 성령으로 말씀하시기를 어찌하여 열방이 분노하며 족속들이 허사를 경영하였는고 ²⁶세상의 군왕들이 나서며 관리들이 함께 모여 주와 그의 그리스도를 대적하도다 하신 이로소이다 ²⁷과연 헤롯과 본디오 빌라도는 이방인과 이스라엘 백성과 합세하여 하나님께서 기름 부으신 거룩한 종 예수를 거슬러 ²⁸하나님의 권능과 뜻대로 이루려고 예정하신 그것을 행하려고 이 성에 모였나이다 ²⁹주여 이제도 그들의 위협함을 굽어보시옵고 또 종들로 하여금 담대히 하나님의 말씀을 전하게 하여 주시오며 ³⁰손을 내밀어 병을 낫게 하시옵고 표적과 기사가 거룩한 종 예수의 이름으로 이루어지게 하옵소서 하더라 ³¹빌기를 다하매 모인 곳이 진동하더니 무리가 다 성령이 충만하여 담대히 하나님의 말씀을 전하니라

여기서 우리는 담대한 기도와 담대한 사역 간의 중요한 연관성을 발견하게 됩니다. 성령 충만한 사역의 승리를 맛본 후, 그들은 부당하게 구속되었으면서도 하나님께 경배의 기도를 드렸습니다. 그들은 그들 가운데 일어났던 치유

와 유대교 지도자들에게 담대하게 맞섰던 일과 무리가 그들에게 보인 호의 등이 모두 하나님의 역사임을 분명히 알았고, 좀 더 구체적으로는 성령님의 역사임을 분명히 인식했습니다. 그리하여 그들은 하나님께 계속해서 역사해 주실 것을 간구했습니다. 그들은 담대함과 치유와 기적과 기사가 계속되기를 간구했고, 그런 일들이 예수님의 이름으로 일어나기를 기도했습니다.

 **상황에 대처할 때든 사역을 준비할 때든, 우리는 왜 기도해야 할까요?**

성령 충만한 사역이란 이런 것입니다. 하나님이 누구이신지 알아야 합니다. 하나님은 하늘과 땅과 바다를 지으신 분입니다. 그리고 하나님이 하신 일들을 알아야 합니다. 하나님은 다윗을 통해 말씀하셨고, 예수님께 기름을 부어 주셨습니다. 이런 것들이 간구함의 바탕이 되어야 합니다. 다음과 같이 기도하는 것이라고 할 수 있습니다.

"주님, 우리는 주님이 누구이신지 알고, 주님이 하셨던 말씀들을 알며, 주님이 보내신 이가 누구이신지 압니다. 이것을 근거로 주님이 우리 앞에 놓인 위협을 해결해 주실 것을 믿습니다. 간구하오니, 예수님의 이름으로 하고 있는 우리 사역에 계속 복을 내려 주십시오."

*"누가는 교회가 기도를 통해 어떻게 하나님의 지원과 도움을 구했는지를 보여 줍니다. 그들은 경솔하지 않았고, 다가올 위험을 가볍게 여기지도 않았습니다. 그들은 인간의 지혜나 도움이나 조언에 의지하지 않았으며, 기도로 온갖 종류의 원조와 지원을 구했습니다. 기도야말로 교회의 확실한 피난처입니다. 왜냐하면 하나님이 주님의 도우심을 구하는 자들을 어디서든지 지켜 주겠다고 약속하셨기 때문입니다."*[2]
_루돌프 그왈터

사역에 시간과 수고를 들이듯이 사역을 위해 기도하는 데도 시간과 수고를 들임으로써, 기도의 본보기를 따를 수 있습니다. 실제로 사역에 힘쓰는 것처럼 기도에도 힘쓰면 사역을 제대로 할 수 있게 됩니다. 그 사역이 찬양 사역이든 구제 사역이든 설교든 친구와 이웃에게 복음을 전하는 일이든 간에 말입니다. 담대한 사역은 담대한 기도를 요구하고, 담대한 기도는 담대한 사역을 가능하게 합니다. 듣지 못하는 자가 듣고, 눈먼 자가 보며, 죽은 자가 일어나 걷는 것은 하나님의 역사입니다. 그러나 이러한 기적은 믿음의 사람들이 예수님의 이름으로 나아가 이웃과 만나고, 대화하고, 사랑할 때만 일어납니다. 역설적이지만 모순적인 이야기는 아니며, 성령님 안에서 사는 삶의 신비입니다. 우리가 일할 때 하나님이 일하시고, 하나님이 일하실 때 우리가 일합니다. 기도를 통해 이러한 수고가 하나로 연합됩니다.

 하나님이 성경이나 역사나 우리 삶 속에서 행하신 일들을 생각하면서 기도하면, 우리의 기도는 어떻게 달라질까요?

# 결론

초기 그리스도인들과 마찬가지로, 우리도 영적인 저항을 경험합니다. 세상에는 목숨 걸고 믿음을 지키는 그리스도인들이 분명히 있지만, 대부분의 그리스도인은 목숨을 걸 만한 상황을 경험하지 않습니다. 그러나 우리는 믿지 않는 문화와 이웃과 친구와 가족에게서 비웃음이나 조롱이나 내침을 당할 것을 감수해야 합니다. 내가 가진 믿음을 이상하고 어리석은 것으로 느끼게 만드는 세상과 마주하게 될 때 하나님의 말씀과 성령 충만하게 되기를, 우리 구주께 계속 헌신하게 되기를, 그리고 주님의 복음과 찬양을 선포할 담대함을 위해 기도할 수 있기를 바랍니다.

## 그리스도와의 연결

성령님이 오시자 제자들은 주님이자 구원자이신 예수님을 선포하기 시작했습니다. 그들은 예수님의 이름으로 기적을 행함으로써 하나님 나라의 권능을 나타냈습니다. 제자들은 세상의 권위자들과 맞닥뜨렸을 때, 예수님에 대한 충성심을 재확인했고, 예수님이 능히 구원하신다는 확신으로 복음을 계속 선포했습니다.

> **하나님의 계획**
> 우리의 사명

하나님은 우리에게 초기 그리스도인들의 본을 따라 담대하고 은혜롭게 복음을 선포하고, 도움이 필요한 사람들을 위해 사역할 것을 명하십니다.

1.  어떻게 하면 선행을 베풀고 예수님께 영광을 돌릴 수 있을까요?

    _____

    _____

    _____

2.  예수님의 복음을 다른 사람들과 나눌 때, 바람직한 자세와 태도는 무엇입니까?

    _____

    _____

    _____

3.  어떻게 하면 사역할 때 하나님의 능력과 담대함을 위해 기도하는 것을 최우선으로 삼을 수 있을까요?

    _____

    _____

    _____

예수님의 이름으로 성령 충만한 사역을 하다

> *
> 금주의 성경 읽기
> 마 1~2장;
> 눅 1~2장

# 진리의 성령님이 베풀게 하시다

신학적 주제 〉 교회 안의 죄가 복음 확산을 가로막아서는 안 됩니다.

**Session 3**

2016년 초에 초바니 요구르트 회사의 설립자 함디 울루카야가 기업가로서 내린 경영상의 한 결정이 신문 1면을 장식했습니다. 울루카야가 기업의 성공을 축하하며, 회사 주식의 10%를 직원들에게 나누어 주겠다고 발표했기 때문입니다. 이는 요구르트 공장의 노동자도 백만장자가 될 수 있는 실로 놀라운 결정이었습니다.

반면, 제약회사 CEO 마틴 시크렐리는 약값을 한 알당 13.5달러에서 750달러로 올렸습니다. 이 결정으로 그는 많은 공분을 샀지만, 법적으로는 아무 문제가 없는 합법적인 결정이었습니다.

울루카야와 시크렐리가 내린 사업상의 결정은 두 사람의 성품뿐 아니라,

> "그리스도인은 자신에게 주어진 모든 것을 자기 소유로 여기거나 쌓아 두어서는 안 됩니다. 모든 것이 주님의 것이라는 사실을 상기하며, 사람들에게서 무시되고 버려지는 것들을 간과해서는 안 됩니다. 그리스도인은 자신을 자기 주인으로 여겨서는 안 되며, 오히려 하나님이 형제자매의 종이 되라고 말씀하셨다고 생각하고 행동해야 합니다."[1]
>
> _바실리우스

*Date* .    .

이 세상에 관한 그들의 인식의 차이를 보여 줍니다. 우리는 세상에서 무엇을 기대해야 할까요? 그리고 세상에서 살아갈 때, 어떻게 행동해야 할까요?

 **Q** 두 기업가가 세상을 보는 눈과 그들의 삶은 어떤 차이가 있습니까?

성경은 세상이 풍요로운 곳임을 분명히 합니다. 그러므로 재산이나 시간이나 삶을 나누며, 즐겁고 관대하게 살아야 한다고 가르칩니다.

하나님은 관대하신 분이기에 관대함은 교회를 정의하는 특징이 되어야 합니다. 성부 하나님은 성자 하나님을 보내 주셨고, 성자 하나님은 자기 생명을 내어 주셨습니다. 그리고 성부와 성자 하나님이 성령 하나님을 보내 주셨습니다. 성령님은 그리스도를 좇는 사람들에게 관대한 마음을 주심으로써 그들이 서로 지지해 주는 사랑으로 그리스도의 몸으로 연합할 수 있게 하십니다. 한편, 탐욕은 하나님과 반대되는 속성으로 주님의 심판을 초래합니다. 성령님은 우리로 하여금 관대한 나눔과 탐욕적인 나눔을 구별할 수 있게 도와주십니다.

## 1. 성령님은 교회가 연합하고 관대하도록 힘을 주십니다

(행 4:32~35)

성령님은 초대교회에 철저한 베풂을 북돋워 주셨고, 그럼으로써 그들이 가진 것을 모두 나누어 서로의 필요를 돌보도록 영감을 주셨습니다.

[32]믿는 무리가 한마음과 한뜻이 되어 모든 물건을 서로 통용하고 자기 재물을 조금이라도 자기 것이라 하는 이가 하나도 없더라 [33]사도들이 큰 권능으로 주 예수의 부활을 증언하니 무리가 큰 은혜를 받아 [34]그중에 가난

진리의 성령님이 베풀게 하시다

한 사람이 없으니 이는 밭과 집 있는 자는 팔아 그 판 것의 값을 가져다가 ³⁵사도들의 발 앞에 두매 그들이 각 사람의 필요를 따라 나누어 줌이라

본문을 이해하기 위해서는 예수님이 신자들의 관계에 관해 들려주신 말씀을 살펴볼 필요가 있습니다. 마가복음 3장에서 예수님은 신자가 가져야 할 관계의 우선순위를 재정의해 주셨습니다.

"그때에 예수의 어머니와 동생들이 와서 밖에 서서 사람을 보내어 예수를 부르니 무리가 예수를 둘러앉았다가 여짜오되 보소서 당신의 어머니와 동생들과 누이들이 밖에서 찾나이다 대답하시되 누가 내 어머니이며 동생들이냐 하시고 둘러앉은 자들을 보시며 이르시되 내 어머니와 내 동생들을 보라 누구든지 하나님의 뜻대로 행하는 자가 내 형제요 자매요 어머니이니라"(막 3:31~35).

가족을 부인하는 말은 개인주의 시대에 살고 있는 우리에게도 충격적인 발언이지만, 개인보다 공동체를 우선시했던 예수님 시대에는 훨씬 더 충격적인 발언이었습니다. 예수님은 사람들이 가족이나 공동체에 관해 가졌던 기본적인 생각들을 뒤흔들어 놓으셨던 것입니다. 물론 예수님은 가족을 부인하신 게 아니라, 가족

**핵심교리 99**

## 90. 사회적 관심

모든 그리스도인은 자기 삶과 인간 사회에서 그리스도의 뜻을 최우선으로 삼아야 할 의무가 있습니다. 사회를 개선하고, 사람들 사이에 의로움을 세우기 위한 수단과 방법들은 예수 그리스도 안에 있는 하나님의 구원의 은혜로 말미암아 거듭난 개인들 안에 뿌리를 박고 있을 때만 진정으로, 그리고 영구적으로 도움이 될 수 있습니다. 그리스도인은 그리스도의 정신에 따라 인종차별, 탐욕, 이기심, 악덕, 그리고 간음과 동성애와 포르노를 포함한 모든 형태의 성적 부도덕에 저항해야 합니다. 우리는 고아, 노인, 가난한 자, 학대받는 자, 무력한 자, 병든 자들의 필요를 채워주기 위해 노력해야 합니다. 우리는 태어나지 않은 태아들을 대변해야 하고, 잉태에서 자연적인 죽음에 이르기까지의 모든 인간 생명의 존엄성을 주장해야 합니다. 모든 그리스도인은 의와 진리 그리고 형제애의 원칙을 따라 정부, 기업, 사회가 전체적으로 움직이도록 노력해야 합니다. 이러한 목적을 위해 그리스도인은 그리스도와 그분의 진리를 따르는 데 있어서 타협함이 없이 항상 사랑의 정신으로 정중하게 행동하면서 선한 목적으로 선한 뜻을 가진 모든 사람과 협력할 준비가 되어 있어야 합니다(미 6:8; 엡 6:5~9; 살전 3:12).

36

을 재정의하신 것입니다. 예수님은 "누구든지 하나님의 뜻대로 행하는 자가 내 형제요 자매요 어머니이니라"라고 말씀하셨습니다. 우리의 일차적인 유대는 혈연이 아닌 하나님을 믿는 신앙이어야 합니다.

 **Q** 하나님의 가족이 된 복을 경험해 본 적이 있습니까?

_____

_____

이 원리가 사도행전 4장에서 나타납니다. 새 신자는 새로운 가족의 일원이 되었습니다. 혈연관계를 넘어 그리스도 안에 있는 형제자매들과 유대 관계를 맺은 것입니다. 그들은 누군가 도움이 필요하면, 철저히 베풂으로써 반응했습니다. 자기 필요보다 더 많이 가진 부유한 사람들은 땅과 소유를 팔아 새 가족의 필요를 채워 주었습니다.

하나님 가족의 사랑이 본문의 핵심입니다. 그들의 급진적인 관대함에 당황할 수도 있겠지만, 그 사랑의 동기에 감동해야 마땅합니다. 우리는 자기 삶을 돌아보며 다른 그리스도인들에게 그러한 관대함을 베푼

> "신자들은 하나가 되어 가라는 명령을 받은 게 아닙니다. 우리는 이미 하나이며 하나인 듯이 행동해야 합니다."[2]
>
> _조니 에릭슨 타다

적이 있는지 자문해 봐야 합니다. 그리스도 안에서 우리는 모두 형제자매입니다. 따라서 가족 중에 도움이 필요한 사람이 있다면, 사랑과 관심과 철저한 베풂을 줄 수 있어야 합니다.

**Q** 철저한 베풂에 관한 성경 이야기들에 대해 어떻게 생각합니까?

_____

_____

**Q** 오늘날 교회가 할 수 있는 철저한 베풂은 어떤 모습일까요?

_____

_____

진리의 성령님이 베풀게 하시다

## 2. 성령님은 관대한 나눔과 탐욕적인 나눔을 구별하게 하십니 다(행 4:36~5:2)

> ³⁶구브로에서 난 레위족 사람이 있으니 이름은 요셉이라 사도들이 일컬어 바나바라(번역하면 위로의 아들이라) 하니 ³⁷그가 밭이 있으매 팔아 그 값을 가지고 사도들의 발 앞에 두니라
> ¹아나니아라 하는 사람이 그의 아내 삽비라와 더불어 소유를 팔아 ²그 값에서 얼마를 감추매 그 아내도 알더라 얼마만 가져다가 사도들의 발 앞에 두니

이 이야기는 우리에게 친숙한 이야기입니다. '바나바'로 더 잘 알려진 요셉은 복음에 감동하고, 교회를 사랑하는 마음으로 자기 밭을 팔아 그 돈을 사도들에게 주어 도움이 필요한 사람들에게 나누어 주기로 했습니다.

바나바의 진심 어리고 관대한 행동은 사람들로부터 칭송받았을 것입니다. 사도들에게서든, 제자들에게서든 인정받는 그의 모습이 아나니아에게 동기가 되었습니다. 아나니아는 관대하게 나누고 싶었던 것이 아니라, 관대한 것처럼 보이고 싶었던 것입니다.

아나니아의 문제는 사도들에게 일부만 바쳤다는 데 있는 것이 아니라, 일부를 바치고도 전부를 바친 것처럼 속였다는 데 있었습니다(이것은 다음 3~9절에서 더 자세히 살펴볼 것입니다). 따라서 쟁점은 그들이 얼마를 바쳤느냐가 아니라 그들의 부정직이었습니다. 거짓말이 아나니아와 삽비라의 마음을 여실히 보여줍니다. 그들은 관대한 마음이 아니라 탐욕적인 마음으로 나누었고, 그들의 탐욕은 단순히 물질적인 탐욕만이 아니라 영적인 탐욕이기도 했습니다. 그들은 철저히 베풀 줄 아는 사람으로 보이기 위해서 나누고자 했던 것입니다. 사람들의 칭송을 바랐던 것입니다.

 탐욕은 어떤 방식으로 나눔 속에 스며들까요?

**Q** 어떻게 하면 탐욕적인 나눔을 방지할 수 있을까요?

_____

_____

아나니아와 삽비라의 거짓말은 바나바와 경쟁하려는 그들의 이기적인 욕망 또는 사도들과 제자들을 감탄하게 하려는 이기적인 욕망에서 시작되었습니다. 그들의 나눔은 하나님을 사랑하고, 그분의 교회 섬기기를 열망하는 관대한 마음에서 비롯된 것이 아니었습니다. 그 결과 그들의 선물은 생명을 가져다 준 것이 아니라, 오히려 생명을 파괴했습니다.

이 이야기는 우리로 하여금 왜 나누는지에 관한 동기를 점검해 보게 합니다. 기쁜 마음으로 나누는지, 즉 우리를 위한 하나님의 선하심에 대한 반응으로 나누는지 아니면 명단에 이름을 올리기 위해서 나누는지를 점검해 봐야 합니다. 기뻐서 관대해진 건가요? 아니면 관대해 보이고 싶어서 나누는 건가요?

> "너그러운 마음이 부족하다는 건, 모든 재물이 인간이 아닌 하나님의 소유라는 사실을 외면하는 처사이기 때문입니다."[3]
> _팀 켈러

 **Q** 예수님의 복음을 묵상하는 것은 우리가 어려움에 처한 사람들에게 기쁜 마음으로 나누어 주는 데 어떻게 도움이 될까요?

_____

_____

## 3. 성령님은 교회를 심판하시고 정화하십니다 (행 5:3~11)

그 후 아나니아와 삽비라에게 일어난 일은 상당히 충격적입니다.

[3]베드로가 이르되 아나니아야 어찌하여 사탄이 네 마음에 가득하여 네가 성령을 속이고 땅값 얼마를 감추었느냐 [4]땅이 그대로 있을 때에

는 네 땅이 아니며 판 후에도 네 마음대로 할 수가 없더냐 어찌하여 이 일을 네 마음에 두었느냐 사람에게 거짓말한 것이 아니요 하나님께로 다 ⁵아나니아가 이 말을 듣고 엎드러져 혼이 떠나니 이 일을 듣는 사람이 다 크게 두려워하더라 ⁶젊은 사람들이 일어나 시신을 싸서 메고 나가 장사하니라 ⁷세 시간쯤 지나 그의 아내가 그 일어난 일을 알지 못하고 들어오니 ⁸베드로가 이르되 그 땅 판 값이 이것뿐이냐 내게 말하라 하니 이르되 예 이것뿐이라 하더라 ⁹베드로가 이르되 너희가 어찌 함께 꾀하여 주의 영을 시험하려 하느냐 보라 네 남편을 장사하고 오는 사람들의 발이 문 앞에 이르렀으니 또 너를 메어 내가리라 하니 ¹⁰곧 그가 베드로의 발 앞에 엎드러져 혼이 떠나는지라 젊은 사람들이 들어와 죽은 것을 보고 메어다가 그의 남편 곁에 장사하니 ¹¹온 교회와 이 일을 듣는 사람들이 다 크게 두려워하니라

속임수가 발각되자 아나니아가 그 자리에서 죽었습니다. 이어서 그의 아내도 똑같이 되었습니다. 너무 가혹한 처벌이라고 생각할지도 모르지만, 이것은 그들의 죄가 얼마나 깊고 심각한지를 보여 주는 것입니다. 우리의 죄도 마찬가지입니다. 돈 계산이 잘못되어서가 아니었습니다. 사실 돈과는 전혀 무관한 일입니다. 이 사건은 하나님 가족의 죄가 하나님 가족 사이의 신뢰와 친밀함과 연합을 어떻게 파괴하는지에 관한 것입니다.

**Q** 이 이야기는 성경의 하나님에 관해 어떤 오해를 하게 할 우려가 있습니까?

_____

_____

**Q** 그러한 오해에 대응하는 데 어떤 성경 진리들이 도움이 될까요?

_____

_____

아나니아와 삽비라의 이야기는 악한 자들이 하나님 나라에 함께할 수 없음을 보여 주는 성령님의 심판의 예입니다. 이와 달리 구원을 받은 자들이 죄를 범할 때 받는 징계에는 다양한 형태가 있으며 종종 미묘하게 이루어지기도 합니다. 하나님이 고약하시거나 편협한 감독관이어서가 아니라, 교회를 사랑하시며 하나님의 자녀들이 거룩하게 되기를 바라시기 때문입니다(히 12:5~11).

우리가 경험하는 징계는 아나니아와 삽비라가 받은 심판과는 다릅니다. 징계는 구원을 위한 것이며 회복을 위한 것이기 때문입니다. 그러나 죄에는 언제나 대가가 있고, 그로 인해 겪는 고통은 하나님이 우리를 정결케 하시며 빚어 가시는 한 가지 방법입니다.

간음과 같은 명백한 죄뿐만 아니라 선의의 거짓말, 탐욕, 정욕 등과 같은 미묘한 죄들도 그에 맞는 대가를 치르게 됩니다. 건강을 잃거나, 신뢰를 잃게 되는 것은 회개하고 하나님의 영으로 변화되라는 초청과 같습니다.

> "성령님은 우리 마음에 하나님과 인류를 향한 사랑을 부어 주십니다. 이로써 우리 마음은 세상을 향한 사랑과 육신의 정욕과 안목의 정욕과 이생의 자랑으로부터 정화됩니다. 성령님이 우리를 분노와 교만과 모든 사악하고 과도한 정욕에서 구해 주십니다." [4]
>
> _존 웨슬리_

교회 전체에서 이러한 일들이 거의 비슷한 방식으로 일어납니다. 신약 곳곳에서 우리는 그리스도인들이 죄를 서로 고하고 회개하지 않는 사람들과는 관계를 끊으라는 지시를 받는 예들을 볼 수 있습니다(마 18:15~17; 고전 5장). 성령님은 이 과정을 이끄시며 죄인들을 회개로 인도하십니다. 성령님께 귀 기울임으로써 교회는 더욱 정결해지며, 죄에 대한 자각이 생겨납니다.

 **Q** 아나니아와 삽비라의 죽음은 교회의 정결에 관해 무엇을 말해 줍니까?

_____

_____

_____

# 결론

우리는 참으로 풍요로운 세상에서 살고 있습니다. 하나님은 세상을 풍요롭게 창조하셨고, 자기 백성을 위해 아낌없이 공급해 주셨습니다. 하나님은 수풀에 뿔이 걸린 숫양, 유월절 양, 광야의 만나, 그리고 예수님의 삶과 죽음과 부활까지도 우리를 위해 주셨습니다. 이처럼 풍요로운 세상에서 나눔은 소유보다 더 큰 결실을 낳습니다. 최상의 본보기이신 예수님은 죽기까지 하나님께 복종하심으로써 모든 이름 위에 뛰어난 이름으로 지극히 높임을 받으셨습니다 (빌 2:5~11).

우리도 예수님을 좇아 자기 소유에 집착하는 대신 가진 것을 나누고, 하나님이 그것을 주님의 선과 영광을 위해 갑절이 되게 하실 수 있게 내어 드리도록 초대받았습니다. 우리 삶에 내주하시는 성령님은 우리로 하여금 소유에 집착하는 대신 필요한 사람들에게 나누어 주는 예수님의 마음을 반영하도록 마음을 변화시켜 그처럼 철저한 베풂을 하게 하십니다.

### 그리스도와의 연결

성령님의 인도하심에 순종했던 초기 그리스도인들은 예수님이 자기 유업을 모든 신자와 나누기 위해 하늘의 부귀영화를 포기하셨던 것처럼, 가난한 사람들과 자기 소유를 공유하고 나누었습니다. 그러나 아나니아오·삽비라의 속임수는 교회와 성령님에 대한 죄였습니다. 성령님은 우리로 하여금 관대한 나눔과 탐욕적인 나눔을 구별하게 하십니다.

## 하나님의 계획
### 우리의 사명

하나님은 신자들끼리 서로 연합해 그리스도의 진리와 사랑을 따라 항상 관대하고 정직하라고 말씀하십니다.

1. 어떻게 하면 성령님의 인도하심을 따라 관대하게 나누어 줄 수 있을까요?

   _____

   _____

   _____

2. 관대한 나눔은 교회/공동체를 어떻게 북돋을 수 있을까요? 또 다른 사람들에게 예수님의 복음을 나누는 데 어떻게 도움이 될까요?

   _____

   _____

   _____

3. 하나님의 백성은 정결한 교회를 지키는 데 어떤 역할을 감당하나요?

   _____

   _____

   _____

진리의 성령님이 깨끗케 하시다

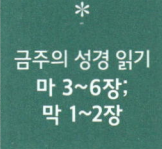

\*
금주의 성경 읽기
마 3~6장;
막 1~2장

# 성령님의 능력을 받아 죽기까지 증거하다

 신학적 주제 성령님은 하나님의 백성이 박해와 죽음 가운데서도 예수 그리스도를 증언할 수 있도록 능력을 주십니다.

Session
4

몇 년 전 저의 친구는 기독교인 작곡가 협회의 공개 토론회에 초대를 받아 참석했습니다. 질의응답 시간에 한 사람이 패널들에게 다음과 같은 질문을 했습니다.

"어떤 노래가 좋은 노래인가요?"

저의 친구는 청교도적인 순전함이 묻어나는 대답을 했습니다.

"저는 사람들이 죽음과 대면할 수 있게 해 주는 노래가 좋은 노래라고 생각합니다."

그는 목사이고 옛 찬송가를 새로운 선율에 담아 현대적으로 재해석하는 일을 주로 하고 있었습니다. 그런 그에게는 듣기 좋은 멜로디도, 시적인 가사도 좋지만, 가장 중요한 것은 그리스도인에게 '삶과 죽음의 궁극적인 소망은 복음'이라는 사실을 분명하게 들려주는 노래를 만드는 것이었습니다. 귀에 쏙쏙 박히는 곡조는 병원 침대맡이나 무덤가에 있는 사람들을 위로하지 못합니다. 가사에 삶과 죽음과 부활의 궁극적인 문제들이 실려 있지 않다면, 고통 가운데

*Date* . .

있는 사람들에게 버틸 힘을 주지 못합니다.

 당신은 어떤 노래가 '좋은 노래'라고 생각합니까?

 고통의 시간을 보내고 있을 때 노래로 위로받은 적이 있나요?

복음은 죽음이 끝이 아니라고 선언하고, 예수 그리스도를 통해 만물을 회복하신다는 하나님의 약속 안에서 우리의 인생과 사역을 재구성합니다. 기쁘건 고통스럽건, 흥하건 쇠하건 상관없이 인생의 의미와 목적은 우주의 창조주께서 그리시는 훨씬 더 위대하고 영광스러운 이야기 안에서 발견됩니다. 그리고 이 지식은 그리스도인들로 하여금 믿을 수 없는 담대함으로 고통,

> *"하나님은 손에 물건을 쥔 사람이 자기가 물건을 쥐고 있음을 확신하는 것만큼이나 틀림없는 확신을 주시고, 모든 약속을 분명히 하십니다. 같은 방식으로 우리는 보이지 않는 하나님의 약속을 붙들고, 마치 눈에 보이는 것처럼 믿음을 고수해야 합니다."[1]*
> _피터 리데만

박해, 고난, 조롱, 심지어 죽음까지도 대면할 능력을 줍니다.

성령님은 그리스도를 따르는 자들이 그분을 위해 고난을 감수할 수 있도록 힘을 주십니다. 우리는 어떠한 고난이 와도, 설령 그것이 죽음일지라도 그리스도께서 율법과 선지자의 예언을 완성하기 위해 오셨으며, 우리를 죄에서 구원하기 위해 오셨다는 사실을 신실하게 증언해야 합니다. 믿음 안에서 고난을 당할 때, 우리는 구주의 발자취를 따르는 것이며, 그분의 가치가 우리의 생명을 포함한 모든 것보다 값지다는 사실을 증거하는 것입니다.

성령님의 능력을 받아 죽기까지 증거한다

# 1. 거짓 고소를 당해도 예수님을 증거합니다(행 6:8~15)

*8스데반이 은혜와 권능이 충만하여 큰 기사와 표적을 민간에 행하니 9이른바 자유민들 즉 구레네인, 알렉산드리아인, 길리기아와 아시아에서 온 사람들의 회당에서 어떤 자들이 일어나 스데반과 더불어 논쟁할 새 10스데반이 지혜와 성령으로 말함을 그들이 능히 당하지 못하여 11사람들을 매수하여 말하게 하되 이 사람이 모세와 하나님을 모독하는 말을 하는 것을 우리가 들었노라 하게 하고 12백성과 장로와 서기관들을 충동시켜 와서 잡아가지고 공회에 이르러 13거짓 증인들을 세우니 이르되 이 사람이 이 거룩한 곳과 율법을 거슬러 말하기를 마지 아니하는도다 14그의 말에 이 나사렛 예수가 이곳을 헐고 또 모세가 우리에게 전하여 준 규례를 고치겠다 함을 우리가 들었노라 하거늘 15공회 중에 앉은 사람들이 다 스데반을 주목하여 보니 그 얼굴이 천사의 얼굴과 같더라*

성령 충만한 스데반은 유대인들에게 예수님을 증거하면서 기사와 표적을 행했고, 그 결과 사람들의 주목을 받았습니다. 그중에는 스데반이 간증을 그만두기를 바라는 이들도 있었습니다. 그들은 스데반을 막으려 했습니다. 그러나 스데반은 하나님의 영으로 충만했으므로 그들의 노력은 수포로 돌아갔습니다.

이것이 사도행전의 일관된 주제입니다. 스데반이나 베드로처럼 평범한 사람들이 제대로 교육받은 성직자들과 논쟁을 벌이고 이겼습니다. 그들은 다음의 두 가지 이유로 논쟁에서 유리할 수밖에 없었습니다.

첫째, 그들은 진리의 편에 서 있었기 때문입니다. 그래서 논쟁에서 훨씬 쉽게 이길 수 있었습니다.

둘째, 그들은 성령 충만했기 때문입니다. 성령님이 그들에게 언제 무엇을 말해야 할지에 관한 초자연적인 지혜를 주셨습니다.

스데반은 유대 사회를 감독하던 종교 지도자들의 무리인 산헤드린 공회 앞에 불려 갔습니다. 스데반을 반대하던 자들은 공회 앞에서 그의 설교와 가르침에 관해 거짓말을 하며 비열하고 치사한 전략을 썼습니다.

**Q** 스데반과 예수님 사이에는 어떤 공통점이 있나요?

_____

_____

스데반은 구약의 율법과 성전에 대해 신성모독적인 말을 했다는 이유로 고소당했습니다. 우리도 인간 생명의 가치나 결혼의 의미나 타고난 성에 관한 전통적인 믿음을 고수한다는 이유로 고소당할 수 있습니다. 비판적인 말을 하지 않았는데도 비난당할 수 있습니다. 그것이 반기독교적인 본성임을 사도행전 6장에서 확인할 수 있습니다. 그 본성은 복음 사역을 불명예스럽게 만들기 위해 과장과 왜곡과 거짓말을 적극 활용합니다.

> "신자들이 주님을 알지 못하는 세상에 그리스도의 통치를 증거하면, 박해가 일어나리라는 것을 예상할 수 있습니다. 그런데 본문이 말하는 것 중 하나는 주님이 우리 안팎에서 일어나는 고난들을 주님 안에서 우리를 성장시키고 예수 그리스도의 형상을 따르게 하는 수단으로 사용하신다는 사실입니다."[2]
>
> _에릭 메이슨

성령님의 능력을 받아 죽기까지 증거하다

| 그리스도인들이 거짓 고소를 당하는 것을<br>본 적이 있나요? | 그러한 핍박이 복으로 변하는 것을<br>본 적이 있나요? |
|---|---|
|  |  |
| 우리가 사람들의 반대에 대응할 때,<br>성령님은 어떤 역할을 하시나요? | 우리는 기독교를 반대하는 세력에<br>어떻게 대비해야 할까요? |
|  |  |

## 2. 구약 예언의 성취로 예수님을 증거합니다(행 7:44~53)

*44광야에서 우리 조상들에게 증거의 장막이 있었으니 이것은 모세에게
말씀하신 이가 명하사 그가 본 그 양식대로 만들게 하신 것이라 45우리
조상들이 그것을 받아 하나님이 그들 앞에서 쫓아내신 이방인의 땅을 점
령할 때에 여호수아와 함께 가지고 들어가서 다윗 때까지 이르니라 46다
윗이 하나님 앞에서 은혜를 받아 야곱의 집을 위하여 하나님의 처소를
준비하게 하여 달라고 하더니 47솔로몬이 그를 위하여 집을 지었느니라
48그러나 지극히 높으신 이는 손으로 지은 곳에 계시지 아니하시나니 선
지자가 말한 바 49주께서 이르시되 하늘은 나의 보좌요 땅은 나의 발등
상이니 너희가 나를 위하여 무슨 집을 짓겠으며 나의 안식할 처소가 어
디냐 50이 모든 것이 다 내 손으로 지은 것이 아니냐 함과 같으니라 51목이
곧고 마음과 귀에 할례를 받지 못한 사람들아 너희도 너희 조상과 같이
항상 성령을 거스르는도다 52너희 조상들이 선지자들 중의 누구를 박해
하지 아니하였느냐 의인이 오시리라 예고한 자들을 그들이 죽였고 이제
너희는 그 의인을 잡아 준 자요 살인한 자가 되나니 53너희는 천사가 전한
율법을 받고도 지키지 아니하였도다 하니라*

스데반이 하나님이 거하시는 곳에 관해 말했을 때, 청중은 성막과 성전
을 떠올렸을 것입니다. 아마도 그들은 그 건축과 파괴까지 포함한 전 역사를 떠
올렸을 것입니다. 하나님은 어떤 곳에도 매인 적이 없으셨고, 이스라엘에서 이
사실에 토를 달 사람은 아무도 없었습니다. 그러나 스데반은 여기서 더 나아가
유대인들이 당시 이스라엘에서 어떤 일이 일어나고 있는지 그 핵심을 놓치고
있다고 말했습니다. 그는 하나님이 이스라엘로 돌아오셨는데, 이번에는 성전에
나타나지 않으시고, 피와 살이 있는 사람으로 오셨다고 했습니다. 의로운 이가
오셨는데, 그들이 그분을 죽였다고 말했습니다.

이렇게 말함으로써, 스데반은 그들이 예수님을 죽였다고 지적했을 뿐만
아니라 그들을 이스라엘 역사에서 하나님께 불충했던 모든 사람과 똑같이 취
급했습니다. 일부 불충한 이스라엘 백성이 선지자들을 죽였던 것처럼, 그들의

후손이 선지자들이 가리켰던 그분을 죽였던 것입니다. 그들은 인간이 되신 하나님, 즉 예수님을 죽였고, 나아가 이제는 그리스도를 따르는 사람들의 마음과 찬양 가운데 성령 하나님이 거하시는 교회를 박해하고 있었습니다.

**Q** 하나님이 교회에 거하신다는 것을 느낀 적이 있나요? 구체적으로 어떤 상황과 어떤 느낌이었나요?

> *"요컨대 스데반은 신앙에서 멀어진 인간의 모든 말, 행동, 존재, 삶 등은 순전한 죄라고 말한 것입니다. 우리는 하나님을 나무나 돌로, 금이나 은으로 표현할 수 없으며, 나무와 돌로 성전을 짓는 것은 하나님께 드리는 참 예배가 아닙니다. 그 대신 신자들의 마음이 참된 성전이며 하나님의 처소입니다."*[3]
>
> _요한 슈팡엔베르크

우리는 성경을 읽을 때, 자신이 '착한 편'에 속한다고 상상하는 것을 좋아합니다. 하지만 이런 이야기에서는 잠시 멈추어 자신이 분노하는 산헤드린 회원과 같지는 않은지 자문해 봐야 합니다. 우리는 하나님께 기대하는 바와 하나님의 일하시는 방식에 대해 일관된 태도를 가지고 있습니다. 즉 우리가 하나님께 기대하는 바에 반하는 일이 일어나면, 우리는 하나님의 방식을 믿고 그것에서 배우는 대신 자기 관점과 생각을 고집하면서 완고해지는 경향이 있습니다. 그러나 이런 식으로 행동하면, 우리는 좋은 기회를 놓치는 것입니다.

**Q** '성전'과 '성령님'과 '하나님의 백성'은 서로 어떤 관계가 있나요?

**Q** 우리는 어떤 식으로 성령님의 인도를 따르는 그리스도인들을 방해하곤 하나요?

## 3. 순교함으로써 예수님을 증거합니다(행 7:54~60)

54그들이 이 말을 듣고 마음에 찔려 그를 향하여 이를 갈거늘 55스데반이 성령 충만하여 하늘을 우러러 주목하여 하나님의 영광과 및 예수께서 하나님 우편에 서신 것을 보고 56말하되 보라 하늘이 열리고 인자가 하나님 우편에 서신 것을 보노라 한 대 57그들이 큰 소리를 지르며 귀를 막고 일제히 그에게 달려들어 58성 밖으로 내치고 돌로 칠 새 증인들이 옷을 벗어 사울이라 하는 청년의 발 앞에 두니라 59그들이 돌로 스데반을 치니 스데반이 부르짖어 이르되 주 예수여 내 영혼을 받으시옵소서 하고 60무릎을 꿇고 크게 불러 이르되 주여 이 죄를 그들에게 돌리지 마옵소서 이 말을 하고 자니라

스데반의 삶이 끝나는 장면에서 우리는 다음의 세 가지 사실에 주목할 필요가 있습니다. 그의 죽음이 예수님을 어떻게 증거했는지에 관한 것입니다.

첫째, 스데반이 환란 중에 있을 때, 하나님이 함께하셨다는 것에 주목하십시오.

박해가 점점 심해지자, 하나님의 공급하심도 점점 커졌습니다. 스데반은 하늘을 우러러봤고, 하나님의 영광과 하나님 오른편에 서 계신 예수님을 봤습니다. 그는 예수님의 주권을 분명히 봤기에 부인할 수가 없었습니다. 그래서 그는 무리가 그를 향해 격분하는 중에도 기쁨과 경배로 외칠 수 있었습니다. 하나님은 우리가 필요로 할 때마다 필요한 것을 공급해 주십니다. 그러므로 고난과 시험이 다가와도 신실함을 잃지 않도록 하나님이 능력과 지원과 격려를 공급해 주실 것을 확신할 수 있습니다.

 시험 가운데 있을 때 성령님의 도우심으로 믿음을 지켜낸 경험이 있나요? 구체적으로 어떤 상황이었나요?

둘째, 스데반은 자신이 옳다는 이유로 교만해지지 않았습니다.

스데반은 죽는 순간에 "주여 이 죄를 그들에게 돌리지 마옵소서" 하고 외쳤습니다. 그는 예수님처럼 자신을 핍박한 자들을 위해 자비를 구했습니다. 그는 사람들이 자신이 아니라 예수님을 믿기 원했습니다. 설교와 복음 전도와 믿음에 관한 논쟁은 단순히 이기고 싶어 하는 우리 자아가 아닌 잃어버린 자들을 향한 사랑과 긍휼의 마음에서 비롯되어야 합니다.

> **핵심교리 99**
>
> **94. 죽음 이후의 삶**
>
> 성경은 그리스도인이 죽으면 곧바로 주님과 함께 있게 된다고 가르칩니다(눅 23:43; 고후 5:8). 어떤 이들은 신자들이 장래 부활할 때에야 최종적인 상태가 될 것(계 6:10~11)임을 감안해 이 상태를 '중간 상태'라고 부릅니다. 그리스도 안에 있지 않은 이들은 죽은 후에 그리스도와 분리된 채 고통 가운데 놓이게 되며, 종말에는 심판을 받게 됩니다(눅 16:19~31).

셋째, 무리가 스데반을 돌로 쳐 죽일 때, 증인들은 사울이라는 청년의 발 앞에 겉옷을 두었습니다.

사울은 교회를 가장 혹독하게 괴롭히는 박해자가 될 사람이었습니다. 그러나 결국 그는 교회 개척을 이끄는 사람 중 하나이자 신학자가 될 것입니다. 우리가 아는 사도 바울이 될 사람입니다. 이 장면에서 그의 모습은 우리 사역과 말이 어떤 결실을 맺을지 절대로 알 수 없다는 점을 상기시켜 줍니다.

성령 충만한 그리스도인들은 기이하고 놀라운 일들을 행하기도 합니다. 그리스도인들이 두려움 없이 고난과 죽음을 맞이하는 것보다 더 기이하고 놀라운 일은 없을 것입니다. 고난과 죽음 앞에서 초자연적인 힘이 그들을 강하게 붙들어 줍니다. 성령님의 권능을 받고 소망 가운데 예수님을 바라볼 때, 죽음의 권능을 무색케 만드는 확신을 얻게 됩니다(고전 15:51~58). 스데반은 그를 핍박하는 자들의 손에 죽었습니다. 그러나 그는 예수님이 살아 계시다는 사실과 무덤이 정복되었으며 우리가 이 세상에서 두려워할 것이 전혀 없다는 사실을 알았기에 엄청난 확신 가운데 죽었습니다.

**Q** 고난 중에 신실함을 지키는 사람들은 믿는 사람들과 믿지 않는 사람들에게 각각 어떤 영향을 미칠까요?

성령님의 능력을 받아 죽기까지 증거한다

**Q** 철저한 용서를 보여 주는 이야기에서 예수님의 복음은 어떻게 나타납니까?

_____

_____

# 결론

교회의 박해와 교인들의 순교는 가지치기와도 같습니다. 그 결과 교회는 더 깊이 뿌리를 내리고, 더 강하고 풍성하게 자랍니다. 이런 패턴은 스데반을 시작으로 초기 그리스도인들에게까지 거슬러 올라갑니다.

믿음 때문에 조롱과 박해를 받을 때, 우리는 순교자들이 구주께서 앞서 남기신 발자취를 따른 것처럼 그들의 신실한 발자취를 따르는 것과 같습니다. 예수님은 우리를 위해 자신을 내어 주셨습니다. 주님의 이름의 영광을 위해서 자신을 드리는 것이 우리의 기쁨이 되기를 바랍니다.

---

**그리스도와의 연결**

스데반은 최초로 순교함으로써 구주의 발자취를 좇았습니다. 예수님과 스데반은 둘 다 신성을 모독했다는 거짓 고소를 당했습니다. 또한 사형 집행자들을 위해 기도했으며, 죽을 때 하나님께 자신의 영을 맡겼습니다. 스데반은 예수 그리스도의 제자로서 자기 스승의 삶과 죽음을 그대로 따랐습니다.

하나님의
**계획**
우리의 사명

하나님은 우리에게 신앙 때문에 비방과 박해를 당할 때조차 예수
그리스도의 위대하심을 증언할 것을 명하십니다.

1.  복음을 전하다가 반대에 부딪혔을 때, 어떻게 하면 스데반과 예수님처럼 반응할 수 있
    을까요?

    _____

    _____

    _____

2.  구약의 이야기와 메시지는 복음 전도에 어떤 역할을 할까요?

    _____

    _____

    _____

3.  예수 그리스도의 이름을 위해서 반대를 견딜 수 있는 담대함과 신실함을 달라고 하나
    님께 간구하는 기도문을 써 보십시오.

    _____

    _____

    _____

성령님의 능력을 받아 죽기까지 증거하다

*
금주의 성경 읽기
마 7~10장;
막 3~4장

# 성령님의 인도하심을 따라 복음을 전하다

신학적 주제 ▶ 성령님이 예비하신 사람에게 그리스도인이 기꺼이 복음을 전할 때, 중생의 기적이 일어납니다.

## Session 5

세상의 작동 원리에 관한 세속적인 설명을 믿는다면, 인생의 대부분은 운에 의한 것입니다. 우리 삶과 관계를 형성하는 모든 사건이 우연입니다. 적당한 시기에 적당한 곳에서 갑자기 배우자를 만납니다. 우연한 만남이 꿈의 직업으로 이어집니다. 아니면 우연의 일치가 끔찍한 사고나 불행으로 이끌 수도 있습니다. 세속적인 설명이 옳다면, 우리가 세상에서 바랄 것은 행운밖에 없을 것이며, 우리 삶을 좋고 아름답게 만든다고 말할 수 있는 모든 것이 우연에 의한 것이 됩니다.

 '우연한 만남'을 직접 경험했거나 그런 만남에 관해 들어본 적이 있습니까?

_____

_____

성경에서 사고나 우연은 없습니다. 사실, 우연한 만남 자체가 하나님이

*Date* . .

정하신 것들입니다.

우리는 사도행전 곳곳에서 '우연한 만남'이 사실은 우연이 아닌 하나님의 섭리에 의한 것이었음이 입증된 사례들을 발견하게 됩니다. 이 세션에서는 복음 전도자이자 예수님의 추종자였던 빌립이 하나님의 강권으로 여행을 떠나면서 겪었던 일들에 관해 보게 될 것입니다. 여행에서 그는 한 에디오피아인과 만나 하나님 나라를 확장하게 되었습니다. 성령님이 빌립의 만남을 조율하셨고, 오늘날에도 이 일을 계속하고 계십니다. 그리스도인들로 하여금 성경을 통해 다른 사람들에게 예수님을 보여 줌으로써 예수님을 믿고 영생을 얻을 수 있게 인도해 주십니다.

> "나는 사람들에게 십자가의 의미에 관해 말해 주고 싶습니다. 벽에 걸려 있거나, 누군가의 목에 둘러 있는 십자가가 아닌 그리스도의 참된 십자가에 관해서 말입니다. … 온 마음을 다해서 그분이 여러분을 사랑하시고, 여러분의 모든 죄를 용서하기 원하신다는 진리를 말해 주고 싶습니다."[1]
>
> _빌리 그레이엄

## 1. 성령님의 이끄심에 귀 기울이고 순종하라 (행 8:26~29)

> [26]주의 사자가 빌립에게 말하여 이르되 일어나서 남쪽으로 향하여 예루살렘에서 가사로 내려가는 길까지 가라 하니 그 길은 광야라 [27]일어나 가서 보니 에디오피아 사람 곧 에디오피아 여왕 간다게의 모든 국고를 맡은 관리인 내시가 예배하러 예루살렘에 왔다가 [28]돌아가는데 수레를 타고 선지자 이사야의 글을 읽더라 [29]성령이 빌립더러 이르시되 이 수레로 가까이 나아가라 하시거늘

우리는 잃어버린 세상에 복음을 전하는 일에 관해 생각할 때, 그리스도인들이 경험하는 적의와 저항에 초점을 맞추곤 합니다. 물론 세션 4에서 살펴

성령님의 인도하심을 따라 복음을 전하다

봤듯이 복음을 대하는 세상의 반응은 때때로 본능적이며 폭력적이며 냉혹합니다. 하지만 항상 그런 것만은 아닙니다. 에디오피아인의 이야기는 하나님이 많은 사람을 부르기 위해 그들 마음속에서 일하고 계시며, 그들이 이에 반응한다는 사실을 상기시켜 줍니다.

에디오피아인은 하나님을 찾으려면 예루살렘으로 가야 한다는 것을 알고 있었습니다. 실제로 소망을 약속하는 곳이라면 어디든지 찾아가는 사람들이 있습니다. 사람들이 이러한 초월적인 약속에 달려드는 이유는 굶주렸기 때문입니다. 그들은 필사적입니다. 소망을 찾을 수만 있다면 어떻게든 붙들 것입니다. 조금만 주의를 기울이면, 주변에서 어떤 일들이 벌어지고 있는지 볼 수 있습니다. 우리가 그들에게 예수님 안에 있는 더 깊고 영속적이며 의미 있는 것을 가리켜 보여 줄 수 있습니다.

**Q** 사람들이 엉뚱한 곳에서 하나님을 찾는 모습을 본 적이 있나요?

_____

_____

_____

하나님은 바로 이런 만남을 위해서 빌립을 보내셨습니다. 천사의 명령을 들은 빌립은 하던 일을 멈추고, 길을 떠남으로써 순종했습니다. 그는 사마리아 성에서 성공적인 사역을 하고 있었습니다(행 8:4~8). 따라서 그 같은 명령을 들으면, 내적 저항이 일어날 법도 합니다. 성공적인 사역을 두고 떠나는 것도 어려운 일이고, 말씀대로 행하는 것도 대단한 믿음을 요구하기 때문입니다. 빌립은 그런 믿음을 가지고 있었기에 길을 떠날 수 있었습니다. 그는 에디오피아인을 태운 수레를 만날 때까지 광야를 여행했습니다.

이 만남은 이루어지지 않았을 만한 이유들이 많았습니다. 빌립은 사마리아에서 성공적인 사역을 하고 있었습니다. 그는 그곳에 남아서 공동체 생활을 즐길 수도 있었습니다. 에디오피아인은 하나님을 예배하기 위해 예루살렘까지 오지 않을 수도 있었습니다. 당시 아프리카에서 예배를 드릴 기회가 아주 없었던 게 아니기 때문입니다.

또한 빌립이 이 만남이 가져올 사회 불안을 극복하지 못했을 수도 있습니다. 에디오피아인은 빌립과 다른 민족이었기 때문입니다. 그뿐만 아니라 에디오피아인은 빌립보다 사회적 지위가 더 높았습니다. 누가는 그가 "에디오피아 여왕 간다게"의 고관이었다고 알려 줍니다. 빌립은 유대 땅에 사는 평민 유대인이었습니다. 평민 유대인이 에디오피아 고관을 만나기는 어려웠을 것입니다.

이 모든 이유에도 불구하고 성령님은 빌립으로 하여금 여러 겹의 저항과 두려움을 극복하게 한 후 그를 보내셨습니다. 성령님의 이끄심은 상식적인 기대와 충돌했습니다. 이것은 하나님 나라가 직관에 어긋나는 놀라운 방식으로 전진한다는 사실을 일깨워 줍니다.

---

**핵심교리 99**

**85. 교회의 사명**

교회는 십자가에 못 박히셨다가 부활하신 왕 예수님에 대한 복음 선포를 믿음으로써 연합된 백성을 말하며, 하나님 나라의 표시이자 도구입니다. 교회의 사명은 성령님의 권능으로 세상으로 나아가 복음을 선포하고, 사람들을 제자로 삼는 것입니다. 이를 위해 교회는 사람들을 불러 회개와 믿음으로 응답하게 하고, 하나님의 영광과 세상의 유익을 위해 그리스도의 주권 아래 살면서 복음의 진리와 능력을 나타내야 합니다.

---

**Q** 하나님이 당신이나 친구나 교회가 놀랄 만한 어떤 특별한 방식으로 선교하게 하신 적이 있나요?

_____

_____

_____

**Q** 어떻게 하면 위험을 무릅쓰고, 성령님의 인도에 기꺼이 순종적으로 반응하는 마음을 가질 수 있을까요?

_____

_____

_____

성령님의 인도하심을 따라 복음을 전한다

## 2. 말씀으로 사람들을 인도하고, 말씀을 통해 그리스도를 보이라 (행 8:30~35)

³⁰빌립이 달려가서 선지자 이사야의 글 읽는 것을 듣고 말하되 읽는 것을 깨닫느냐 ³¹대답하되 지도해 주는 사람이 없으니 어찌 깨달을 수 있느냐 하고 빌립을 청하여 수레에 올라 같이 앉으라 하니라 ³²읽는 성경 구절은 이것이니 일렀으되 그가 도살자에게로 가는 양과 같이 끌려갔고 털 깎는 자 앞에 있는 어린양이 조용함과 같이 그의 입을 열지 아니하였도다 ³³그가 굴욕을 당했을 때 공정한 재판도 받지 못하였으니 누가 그의 세대를 말하리요 그의 생명이 땅에서 빼앗김이로다 하였거늘 ³⁴그 내시가 빌립에게 말하되 청컨대 내가 묻노니 선지자가 이 말한 것이 누구를 가리킴이냐 자기를 가리킴이냐 타인을 가리킴이냐 ³⁵빌립이 입을 열어 이 글에서 시작하여 예수를 가르쳐 복음을 전하니

하나님이 이 만남을 위해서 어떻게 기초 작업을 하셨는지를 보여 주는 추가 단서가 여기서 드러납니다. 에디오피아인은 빌립을 즉시 받아들이고, 수레에 태워서 그에게 성경을 설명해 달라고 부탁했습니다. 게다가 그는 마침 예수님의 희생적인 죽음에 관해 공공연하게 밝히고 있는 이사야서 본문을 읽고 있었습니다. 모든 상황이 빌립이 그에게 예수님을 가리켜 보일 수 있도록 준비되어 있었던 것입니다.

빌립은 성경학자나 율법 선생이 아니었습니다. 다시 말하지만, 그는 그저 평범한 사람이었습니다. 그러나 그는 성령 충만했고, 자신의 신앙생활에서 보고 경험했던 일들 덕분에 확실하고 명료하게 대답해 줄 수 있었습니다.

이어지는 짧은 구절에 성경 교사가 신뢰할 만한지를 판단하는 데 필요한 모든 것이 담겨 있습니다. 세상에서 가장 간단한 리트머스 검사입니다. 그들은 이사야서 본

> "예수님은 하나님과 인간 사이의 유일한 중보자이십니다(딤전 2:5). 따라서 나는 예수 그리스도를 통해서 말씀을 해석해야 한다고 믿습니다. 예수님은 성경을 볼 때 필요한 렌즈이십니다."²
>
> _에드 스테쳐

문을 읽었고, 에디오피아인이 본문이 누구에 관해 말하고 있는지를 물으면서 빌립에게 설명을 부탁했습니다. 그러자 "빌립이 입을 열어 이 글에서 시작하여 예수를 가르쳐 복음을"(35절) 전했습니다.

**Q** 성경의 어느 구절에서도 예수님에 관한 좋은 소식을 말할 수 있다고 생각하나요? 그렇다면 또는 그렇지 않다면 그 이유는 무엇인가요?

_____

_____

_____

예수님은 구약이 갈망하고 가리키는 모든 것을 구현하십니다. 에덴동산에서의 추방, 약속의 땅을 향한 갈망, 바벨론에 의한 추방 등 구약의 광범위한 줄거리도 예수님이야말로 사탄과 죄와 죽음을 무찌르시고 우리를 하나님께 돌아오게 이끄시는 정복 왕이심을 가리킵니다.

성경 교육이 신실한지를 살펴보려면, 간단한 질문 하나를 던져 보면 됩니다. "이야기의 주인공은 누구인가?" 만일 예수님 외에 다른 누구나 무엇이라고 대답한다면, 요점을 놓친 것입니다. 성경을 둘러싼 대화는 종종 성경적 윤리나 사실로 엉키곤 합니다. 이런저런 면에서 '옳기'를 바라는 바람에 성경의 진짜 요점과 목적을 보지 못합니다.

성경 교사로서 빌립의 가장 중요한 자격은 믿음이었습니다. 빌립이 성령님의 인도를 따라 어디든지 기꺼이 갈 수 있었던 것은 그의 믿음 때문이었습니다. 그 믿음이 그로 하여금 하나님의 말씀을 듣고 그 안에서 예수님을 볼 수 있게 했습니다.

**Q** 불신자들에게 성경을 설명하려고 할 때, 겁먹게 되는 이유는 무엇인가요?

_____

_____

성령님의 인도하심을 따라 복음을 전하다

## 3. 사람들이 믿음으로 반응할 수 있도록 인도하라(행 8:36~40)

*36 길 가다가 물 있는 곳에 이르러 그 내시가 말하되 보라 물이 있으니 내가 세례를 받음에 무슨 거리낌이 있느냐 37 (없음) 38 이에 명하여 수레를 멈추고 빌립과 내시가 둘 다 물에 내려가 빌립이 세례를 베풀고 39 둘이 물에서 올라올 새 주의 영이 빌립을 이끌어간지라 내시는 기쁘게 길을 가므로 그를 다시 보지 못하니라 40 빌립은 아소도에 나타나 여러 성을 지나다니며 복음을 전하고 가이사랴에 이르니라*

여기서 참된 회심의 모든 요소를 볼 수 있습니다. 에디오피아인은 믿음을 강요받지 않았고, 회심하도록 압박받지 않았는데도 간절히 믿고 싶어 했습니다. 빌립은 그에게 그가 읽고 있던 성경 말씀이 예수님을 가리키며, 예수님의 죽음과 부활이 우리를 하나님과 화목하게 만들었다고 설명해 주었습니다. 그의 설명을 들은 에디오피아인은 세례를 받고 예수님과 연합되기를 갈망했습니다.

에디오피아인이 "내가 세례를 받음에 무슨 거리낌이 있느냐"(36절)라고 물었습니다. 이 질문이 중요합니다. 그가 유대인이 아닌 에디오피아 출신의 이방인 내시라는 이유로 그에게 세례 베풀기를 거절한 사람도 있었을 것입니다. 그러나 성령 충만한 빌립은 그런 것에는 전혀 관심을 두지 않았습니다. 에디오피아인이 예수님이 세상 죄를 지고 가는 하나님의 어린양이심을 듣고 분명히 믿었기에 빌립은 지체 없이 그에게 세례를 베풀어 주었습니다.

> *"빌립이 쓴 수단은 어떤 '천사의 말'이나 광적인 신학자들의 망상처럼 형언할 수 없는 상상의 말이 아니라 바로 성경에 기록되어 있는 하나님의 말씀입니다. 여기서 모든 설교가 나와야 하고, 구원의 교리 전체가 나와야 합니다. 오늘날까지 한 번도 들어보지 못한 새로운 교리를 추구해서도 안 됩니다."* [3]
> _루돌프 그왈터

복음 전도와 회심은 이처럼 매우 간단합니다. 믿음을 요구하지 않은 채 그저 '사실'만을 나눌 수도 있지만, 복음 전도의 목표는 단순히 우리가 아는 정보를 나누는 것이 아닙니다. 복음 전도자의 소망은 사람들이 예수님을 주님으로 보고, 그분의 삶과 죽음과 부활이 세상 죄를 없애고 우리를 하나님 아버지께서 계신 집으로 데려간다는 사실을 깨닫게 하는 것입니다. 빌립과 에디오피아인의 짧은 대화에서 이런 기적이 일어났습니다. 에디오피아인은 예수님을 주님으로 보게 되었고, 예수님을 좇아 물세례를 받을 준비가 되었습니다.

**Q** 이 이야기는 예수님이 제자들에게 주셨던 '지상명령'(마 28:18~20)을 어떻게 성취했나요?

_____

_____

이야기의 후반부에서 우리는 두 사람이 만났을 때보다 훨씬 더 갑작스럽게 헤어지는 것을 보게 됩니다. 눈에 보이지 않는 어떤 것이 빌립을 데려갔다고 암시되어 있습니다. 성령님이 그를 데려다가 아소도에 내려놓으신 것 같습니다. 그리스도인이 되었다는 사실에 기뻐하며 성령 충만해진 에디오피아인은 집으로 돌아갔습니다. 성령님이 그와 함께 계속 역사하셔서 예수님의 이야기가 아프리카에 퍼져 나가 뿌리를 내리게 되었음이 분명합니다.

한편, 빌립은 이방인들 사이에서 하나님 나라를 확장해 가는 사역을 계속 이어 나갔습니다. 그가 홀연히 나타난 아소도는 그곳에서 30km 떨어진 곳으로, 유대인 지역이 아니었습니다. 비유대적 세계를 향한 하나님 나라의 확장이 공식적으로 시작된 것입니다. 이러한 확장은 자원하고 복종하는 마음을 가진 빌립이 사마리아에서의 성공적인 사역을 뒤로한 채, 복음을 들어야 할 사람을 찾으라는 하나님의 부르심에 순종했기에 일어날 수 있었습니다. 에디오피아인과의 만남으로 빌립은 아소도에서 가이사랴로 여행하면서 들른 마을마다 넘쳐흐르는 기쁨으로 복음을 선포할 수 있었을 것입니다.

**Q** 예수 그리스도의 복음을 사람들에게 전할 때, 그들이 믿음으로 반응하도록 이끄는 것이 중요한 이유는 무엇일까요?

_____

_____

# 결론

성령님은 교회와 성도들이 앞으로 발을 내디뎌 하나님 나라의 사역을 전진시키도록 조용히 인도하면서 바람처럼 역사하고 계십니다. 성령님 안에서의 삶은, 복음이 세상 구석구석까지 전해져 온 세상이 하나님의 영광으로 채워지는 날을 소망하며 그날에 도달하는 것이 아니라 그날로 계속 이어가는 것입니다.

지극히 일상적인 일도 하나님의 계획일 수 있습니다. 세상이 '우연한 만남'으로 부르는 만남도 누군가에게는 일생일대의 사건이 될 수 있습니다. '우연의 일치'란 존재하지 않습니다. 혹여나 중요한 순간을 놓치지는 않았을까 염려하기 전에, 그런 순간을 혼자서 겪는 일은 없다는 것을 기억하십시오. 성령님이 우리와 동행하시고, 우리를 인도하시며, 우리에게 그런 기회들을 주십니다. 성령님은 우리가 이 일을 감당할 수 있도록 말씀과 담대한 마음을 주십니다. 우리보다 앞서 행하셔서 사람들이 예수 그리스도의 좋은 소식을 들을 수 있도록 마음을 부드럽게 하시고, 귀를 열어 주십니다. 그러니 세상의 길을 걸어가면서 예수님의 제자들을 삼읍시다.

> "성령님은 '공동선'을 위해 우리를 통해 일하시는 일환으로, 우리에게 주님의 증인이 될 능력을 주십니다. 하나님이 부르셔서 지금 정확히 그 자리에 당신이 있는 것이 사실입니다. 그러나 그곳에 안주해 편안하게 피상적인 평화를 누리며 인생을 살라고 하신 것은 아니라는 것을 깨닫는 것이 매우 중요합니다. 하나님의 목적은 무작위적이거나 임의적이지 않습니다. 이 땅에서 아직 살아 숨 쉬고 있다면, 그것은 하나님이 당신을 위해 하실 일이 남아 있기 때문입니다. 하나님은 우리가 태어나기 전부터 계획하신 목적을 위해 우리를 이 땅에 두셨습니다(엡 2:8~10)."[4]
>
> _프랜시스 챈

## 그리스도와의 연결

에디오피아인은 구약의 선지서에 익숙했지만, 선지서의 메시지가 어떻게 그리스도 예수 안에서 성취되었는지는 이해할 수 없었습니다. 빌립은 성령님의 인도를 받아 그가 예수님이 어떻게 고대의 예언에 따라 우리 죄를 위해 십자가에서 죽으셨고, 죽음에서 부활하셨는지를 이해할 수 있게 도왔습니다.

**하나님의
계획**
우리의 사명

하나님은 성령님의 이끄심에 귀를 기울이고 순종하며 성경을 통해 사람들에게 그리스도를 기꺼이 보여 줄 수 있어야 한다고 말씀하십니다.

1    성령님의 이끄심에 순종하기 위해 먼저 고백하고 회개해야 할 태도와 행위는 무엇일까요?

_____

_____

_____

2.    어떻게 하면 성경을 통해 그리스도를 전하는 능력과 담대함을 기를 수 있을까요?

_____

_____

_____

3.    어떻게 하면 장차 성령님의 능력을 받은 복음 전도자로서 사역할 수 있을까요?

_____

_____

_____

성령님의 인도하심을 따라 복음을 전하다

＊
**금주의 성경 읽기**
마 11~13장;
막 5:1~6:1

# 모든 사람에게 열려 있는
# 복음을 차별 없이 전하다

 신학적 주제 — 하나님은 치우침이 없으시며, 모든 민족에게 구원을 베풀어 주십니다.

 Session 6

오래전에 교외에 있는 품위 있고 조용한 교회에서 자원해 청소년부 인도자로 섬긴 적이 있습니다. 어느 수요일 저녁, 청소년부 모임에 새로운 아이들이 나타났습니다. 그들은 청소년부 목사님에게서 피자를 약속받고 호기심에 모임에 나온 것이었습니다. 그들은 근처 가난한 지역에 사는 아이들로 부잣집 아이들이 대부분인 교회 분위기와는 다소 어울리지 않았습니다.

교회는 아이들을 환영했고, 그들 중 많은 아이가 믿음을 가지게 되어 세례도 받았습니다. 그러자 그들이 자기 친구들을 교회로 인도했습니다. 청소년부에 변화가 일어나기 시작했고, 아이들은 선교하는 삶의 의미에 대해 배우며 기뻐했습니다. 공동체 안에 아름다운 기운이 감돌기 시작했습니다.

교회 안에 긴장이 쌓이기 시작했고, 결국 청소년부 목사님이 해임되고 청소년부의 수요 모임이 없어졌습니다. 그런데도 아이들은 주일에 교회에 나왔습니다. 그러나 교회 어른들은 그들이 복장이 불량하다는 등의 이유로 혼을 냈습니다. 당연히 그들은 교회를 떠났습니다. 교회는 곧 이전의 품위 있고 조

*Date*    .    .

용한 모습으로 되돌아갔습니다.

 **Q** 그리스도인들을 다른 사람들과 구별하는 어떤 경계선들을 보거나 경험한 적이 있습니까? 무엇이 교회에 다니지 않는 사람들로 하여금 복음을 듣지 못하게 가로막았습니까?

---

복음은 세상 사람들을 갈라놓는 경계들에 반대하며 그것들을 허뭅니다. 신약의 저자들은 교회가 복음을 중심으로 연합해 그 벽을 부수는 일을 하지 못할 때마다 힘써 교회에 맞섰습니다. 베드로는 교회를 형제의 연합으로 부르는 것이 중요하다는 것을 배웠지만, 연합을 향한 그의 여정은 성령님이 한 이방인의 마음을 예비하신 후에야 시작되었습니다. 하나님은 치우침이 없으시며, 구원은 모든 민족, 모든 언어, 모든 나라의 사람들에게 전해질 것입니다.

> *"복음의 능력에 관해서는 절대로 상심하지 마십시오. 복음에 합당하지 않은 사람, 더 나아가서 복음에 합당하지 않은 민족이 있다는 말은 믿지 마십시오."*[1]
>
> _찰스 스펄전

## 1. 하나님은 한 이방인의 마음을 만지셔서 복음을 받아들이게 하셨습니다(행 10:1~8)

[1]가이사랴에 고넬료라 하는 사람이 있으니 이달리야 부대라 하는 군대의 백부장이라 [2]그가 경건하여 온 집안과 더불어 하나님을 경외하며 백성을 많이 구제하고 하나님께 항상 기도하더니 [3]하루는 제 구 시쯤 되어 환상 중에 밝히 보매 하나님의 사자가 들어와 이르되 고넬료야 하니 [4]고

넬료가 주목하여 보고 두려워 이르되 주여 무슨 일이니이까 천사가 이르되 네 기도와 구제가 하나님 앞에 상달되어 기억하신 바가 되었으니 ⁵네가 지금 사람들을 욥바에 보내어 베드로라 하는 시몬을 청하라 ⁶그는 무두장이 시몬의 집에 유숙하니 그 집은 해변에 있다 하더라 ⁷마침 말하던 천사가 떠나매 고넬료가 집안 하인 둘과 부하 가운데 경건한 사람 하나를 불러 ⁸이 일을 다 이르고 욥바로 보내니라

고넬료는 하나님을 오랫동안 경외해 왔던 사람으로 보입니다. 그는 유대에 사는 로마인으로, 가이사랴에 주둔한 백 명의 로마 군인을 관리했습니다. 그는 일반 보병이 아니라 대대장처럼 정치 및 군사적인 힘을 가진 사람이었습니다.

하나님은 고넬료에게 영적인 굶주림을 심어 주셨습니다. 하나님은 고넬료에게 천사를 보내서 그의 노고가 "상달되어 기억하신 바" 되었다고 하시며 그의 선한 마음과 선행을 칭찬하셨습니다. 로마 제국에는 종교가 넘쳐났던 만큼 종교적인 행위도 넘쳐났습니다. 로마는 종교에 포괄적인 문화였고, 그로 인해 로마인들은 고국이나 속국들에 중요한 신은 무엇이든지 예배해야 했습니다.

그러나 고넬료는 유대에 주둔하는 동안 단순히 종교적인 의무에서가 아니라, 마음에서 우러나와 하나님을 예배하고자 했습니다. 그의 마음이 하나님을 예배하는 쪽으로 움직였던 것입니다. 시편 기자가 지적하듯이, 하나님은 물질적인 희생이 아

> **핵심교리 99**
>
> **25. 하나님의 계획과 인간의 행동**
>
> 우리의 삶 전체를 향한 하나님의 주권은 인간의 자유로운 행동까지 포함합니다. 잠언 19장 21절은 "사람의 마음에는 많은 계획이 있어도 오직 여호와의 뜻만이 완전히 서리라"라고 말씀합니다. 주님의 계획은 우리가 완전히 이해하지 못하는 방법을 통해서 펼쳐지며, 이 계획은 인간의 선택에도 영향을 미칩니다. 예수님의 십자가는 사람들의 사악한 결정에 의해 실행되었습니다. 그러나 이것은 이미 모든 것을 아시는 하나님의 계획 속에 있었습니다. 이처럼 인간이 자유롭게 선택한 죄의 행동들조차 이미 하나님의 포괄적인 계획 속에 들어 있습니다(행 2:23). 하나님이 자신을 사랑하는 이들에게는 모든 것이 합력하여 선을 이루도록 일하고 계심(롬 8:28)을 아는 우리는, 현재 상황이 이해되지 않을 때도 계획하신 대로 이루시겠다는 하나님의 약속을 믿어야 합니다.

닌 상하고 통회하는 마음에 감동하십니다(시 51:17). 하나님은 고넬료의 마음을 칭찬하셨고, 주님을 더욱 깊이 알도록 그를 초대하셨습니다.

하나님이 고넬료를 깊은 교제 가운데로 어떻게 이끄셨는지에 주목하십시오. 하나님은 고넬료로 하여금 환상 속에서 예수님을 보게 하지 않으시고, 예수님의 제자 가운데 한 명인 베드로를 만나게 하셨습니다. 하나님을 경외한 고넬료는 하인들을 불러 천사가 알려 준 대로 욥바에 있는 베드로를 찾아오게 했습니다.

 하나님이 그리스도인들을 통해 복음을 전하시는 이유는 무엇일까요?

우리 문화에서 사람들을 다양한 종교 행위로 부추기는 것이 무엇인지에 관심을 가지면, 진리를 추구하는 마음을 발견할 수 있습니다. 자신의 영적 갈급함을 인식하고, 신을 찾아다니는 사람들을 발견할 수도 있습니다. 하나님이 그들을 주님께로 이끄시는 기적적인 개입이 없이는, 그들은 자신들이 찾는 바를 발견하지 못할 것입니다. 교회의 복음 전도 사역이 없다면, 그들은 하나님을 찾을 수 없을 것입니다.

고넬료 이야기에서 가장 놀라운 점 중 하나는, 그가 그토록 경건하고 바른 마음가짐을 가졌음에도 불구하고 하나님을 찾기 위해서는 선한 의도 이상이 필요했다는 점입니다. 그에게는 성령 충만하여 예수님을 전하는 신실한 성도들의 모임인 교회가 필요했습니다.

 비그리스도인들이 하나님과의 만남을 추구하는 방법에는 어떤 것이 있나요?

 하나님을 대체할 것을 찾으려는 잘못된 노력을 기울이는 사람들에게 예수님을 알려 주려면 어떻게 해야 할까요?

## 2. 하나님은 우월감에 젖어 있는 자기 백성을 책망하십니다

(행 10:9~16)

*9이튿날 그들이 길을 가다가 그 성에 가까이 갔을 그때에 베드로가 기도하려고 지붕에 올라가니 그 시각은 제 육 시더라 10그가 시장하여 먹고자 하매 사람들이 준비할 때에 황홀한 중에 11하늘이 열리며 한 그릇이 내려오는 것을 보니 큰 보자기 같고 네 귀를 매어 땅에 드리웠더라 12그 안에는 땅에 있는 각종 네 발 가진 짐승과 기는 것과 공중에 나는 것들이 있더라 13또 소리가 있으되 베드로야 일어나 잡아먹어라 하거늘 14베드로가 이르되 주여 그럴 수 없나이다 속되고 깨끗하지 아니한 것을 내가 결코 먹지 아니하였나이다 한 대 15또 두 번째 소리가 있으되 하나님께서 깨끗하게 하신 것을 네가 속되다 하지 말라 하더라 16이런 일이 세 번 있은 후 그 그릇이 곧 하늘로 올려져 가니라*

베드로는 네 귀퉁이가 매여 하늘에서 내려온 큰 보자기 안에 세상의 모든 짐승과 새들이 있는 것을 보았습니다. 유대교 전통과 문화를 따라 살아온 베드로에게 이 광경은 충격적이었을 텐데, "잡아먹어라"(13절) 하고 명령까지 하시니 경악을 금치 못했을 것입니다. 음식물 규정은 유대 국가와 문화의 정체성에 필수적인 요소였습니다. 하나님은 이스라엘이 주변 나라들과 문화적으로 구별되도록 이 규정을 주셨고, 이것을 어기는 것은 하나님과 가족과 국가에 대한 모욕으로 간주되었습니다.

그래서 베드로는 하나님의 음성을 듣고도 "그럴 수 없나이다"(14절)라고 단호하게 대답했습니다. 어쩌면 그는 자신이 시험받고 있다고 생각했을지도 모릅니다. '허기짐으로 인해 태어났을 때부터 지켜 온 음식 규정을 어길 것인가?' 그러나 "하나님께서 깨끗하게 하신 것을 네가 속되다 하지 말라"(15절)라는 음성이 들려왔습니다.

 **하나님이 당신을 놀라게 하셨거나 기대와 다르게 하신 적이 있나요? 어떤 식으로 그렇게 하셨나요?**

베드로의 환상은 교회 생활의 전환점을 표시했습니다. 누가는 하나님이 섭리하시는 모습을 보여 주는 방식으로 이 이야기를 들려주었습니다. 베드로의 마음이 새로운 가능성에 열리기 시작했던 것처럼 고넬료의 마음도 하나님께 이끌리고 있었습니다. 무엇인가 변화가 일어날 참이었습니다. 유대인의 정체성과 요구가 달라지려고 했습니다.

이스라엘의 음식 규정을 무시하고, 그것들을 잡아먹으라는 명령은 이스라엘이 모세의 율법으로 세상과 구별되던 시대가 끝났음을 의미합니다. 이제 그들을 세상으로부터 구별해 주는 것은 그들의 문화나 종교적인 전통이 아니라 예수님을 향한 믿

> "복음은 모두에게 열려 있습니다. '가장 악한 죄인'이라고 해서 권리가 없고, '가장 존경받는 죄인'이라고 해서 더 많은 권리가 있는 것이 아닙니다."[2]
> _마틴 로이드 존스

음입니다. 이제 곧 베드로는 자신이 믿지 않는 유대인 형제자매보다 예수님을 믿는 이방인 백부장과 공통점이 더 많다는 사실을 발견하게 될 것입니다. 오늘날 그리스도인들은 믿지 않는 옆집 이웃보다 중동이나 러시아의 신자들과 더 많은 것을 공유합니다.

**Q** 이 이야기와 하나님이 불변하시다는 진리를 어떻게 연결할 수 있을까요?

**Q** 하나님이 깨끗하게 하신 것을 속되다고 하지 않기 위해서 우리가 거부하거나 느슨하게 붙들어야 할 전통은 무엇인가요?

## 3. 하나님은 복음을 믿는 모든 사람을 환영하라고 하십니다
(행 10:34~48)

베드로가 자기가 본 환상의 의미를 묵상하고 있을 때, 고넬료가 보낸 세 사람이 무두장이 시몬의 집에 도착했습니다. 그들은 베드로에게 천사의 방문

에 관해 말하면서 고넬료를 만나러 갈 것을 청했고, 다음 날 그들은 가이사랴로 길을 떠났습니다. 베드로가 그들과 함께 갔다는 것은 의미심장합니다. 그는 나중에 고넬료에게 이렇게 말했습니다.

"유대인으로서 이방인과 교제하며 가까이하는 것이 위법인 줄은 너희도 알거니와"(행 10:28).

베드로는 이방인들이 더 이상 부정하지 않고, 복음의 좋은 소식에서 제외되어서는 안 된다고 말씀하신 하나님의 환상을 이해했기에 그들과 함께 갔던 것입니다.

*34베드로가 입을 열어 말하되 내가 참으로 하나님은 사람의 외모를 보지 아니하시고 35각 나라 중 하나님을 경외하며 의를 행하는 사람은 다 받으시는 줄 깨달았도다 36만유의 주 되신 예수 그리스도로 말미암아 화평의 복음을 전하사 이스라엘 자손들에게 보내신 말씀 37곧 요한이 그 세례를 반포한 후에 갈릴리에서 시작하여 온 유대에 두루 전파된 그것을 너희도 알거니와 38하나님이 나사렛 예수에게 성령과 능력을 기름 붓듯 하셨으매 그가 두루 다니시며 선한 일을 행하시고 마귀에게 눌린 모든 사람을 고치셨으니 이는 하나님이 함께하셨음이라 39우리는 유대인의 땅과 예루살렘에서 그가 행하신 모든 일에 증인이라 그를 그들이 나무에 달아 죽였으나 40하나님이 사흘 만에 다시 살리사 나타내시되 41모든 백성에게 하신 것이 아니요 오직 미리 택하신 증인 곧 죽은 자 가운데서 부활하신 후 그를 모시고 음식을 먹은 우리에게 하신 것이라 42우리에게 명하사 백성에게 전도하되 하나님이 살아 있는 자와 죽은 자의 재판장으로 정하신 자가 곧 이 사람인 것을 증언하게 하셨고 43그에 대하여 모든 선지자도 증언하되 그를 믿는 사람들이 다 그의 이름을 힘입어 죄 사함을 받는다 하였느니라 44베드로가 이 말을 할 때에 성령이 말씀 듣는 모든 사람에게 내려오시니 45베드로와 함께 온 할례 받은 신자들이 이방인들에게도 성령 부어 주심으로 말미암아 놀라니 46이는 방언을 말하며 하나님 높임을 들음이러라 47이에 베드로가 이르되 이 사람들이 우리와 같이 성령을 받았으니 누가 능히 물로 세례 베풂을 금하리요 하*

고 [48]명하여 예수 그리스도의 이름으로 세례를 베풀라 하니라 그들이 베드로에게 며칠 더 머물기를 청하니라

베드로는 예수님의 삶과 사역, 죽음과 부활 이야기를 아우르는 복음 메시지를 설교했습니다. 그때 듣고 있던 모든 사람 위에 성령님이 강림하셨습니다. 고넬료의 온 가족은 하나님을 더는 두려워하지 않고, 예수님을 믿게 되었습니다. 성령님이 그들 위에 임하시자, 그들은 그 임재와 은혜에 열광적으로 반응했습니다. 지난 세션에서 빌립이 에디오피아인에게 그랬던 것처럼 베드로는 성령 충만한 이방인 공동체에게 세례를 베풀어 주었습니다.

> "주님의 가족이 되는 데 완벽한 순종이 필요하지는 않습니다. 그렇습니다. 복음은 우리 선행을 요구하지 않습니다. 하나님의 자녀가 되는 데는 그리스도 한 분만 필요하고, 그리스도를 믿을 때 모두 동등한 자녀로 간주됩니다. 하나님이 다채로운 가족을 가지고 계시기에 우리가 이렇게 다채로운 가족인 것입니다." [3]
>
> _트릴리아 J. 뉴벨

 **Q** 하나님의 은혜가 누군가에게 다가가 예수님을 믿게끔 이끄시는 것을 보고 놀란 적이 있나요?

이 이야기가 우리가 처한 상황에서 어떻게 재구성될 수 있는지 생각해 볼 필요가 있습니다. 교회사 내내 그리스도인들은 정치적, 문화적, 사회적, 인종적 이유들을 들어 어떤 사람들은 그리스도인이 되기 힘들다거나, 아예 될 수 없다고 치부해 버리고 싶은 유혹과 씨름해야만 했습니다. 우리는 '저 사람'은 절대로 구원받지 못할 것이라고 가정하거나, '저 무리'는 복음에 너무 적대적이라고 간주하곤 합니다. 자기와 다른 사람들은 자기 말을 들어주지 않을 것이라고 짐작합니다. 그리고 때로는 어떤 사람들은 자기 말을 듣기에는 너무 멍청하거나 너무 교만하거나 너무 악하다고 가정해 버립니다.

이런 식의 생각은 잘못된 것입니다. 하나님은 이미 오랫동안 자기 백성을 놀라게 해 오셨습니다. 다윗이 왕이 되는 사건에서부터 시작해서 예수님이 메

시아이신 사실과 투박한 어부 출신의 사도가 로마 백부장과 그의 온 가족을 회심케 한 사건에 이르기까지, 이러한 일들을 성경에서 분명히 볼 수 있기에 일상생활에서도 그 같은 일들을 볼 수 있기를 간절히 원해야 합니다. 우리는 이미 복음의 은혜로 놀란 적이 있습니다. 우리는 복음이 우리를 통해 우리와 주변 세상을 계속 놀라게 하는 것을 목격할 수 있을 것입니다.

**Q** 복음을 받아들이지 않을 것으로 생각되는 사람들은 어떤 사람들인가요?

---

**Q** 이 이야기를 읽고 당신의 관점은 구체적으로 어떻게 바뀌었습니까?

---

# 결론

우리는 베드로와 고넬료의 이야기에는 익숙할지 몰라도, 우리 마음에 자리 잡은 암묵적인 편견에 관해서는 무지할 수 있습니다. 따라서 초대교회처럼 우리도 잠시 멈춰서 자기 양심을 점검하고, 정치·경제·사회·인종적으로 우리와 다른 사람들을 향한 태도가 그리스도의 몸의 연합을 가로막고 있지는 않은지 자문해 봐야 합니다. 어려운 문제지만, 예수님 안에 있는 사람들을 치우침 없이 대하거나 구별하지 않는 교회를 만들기 위해서 깊이 생각해 볼 만한 문제입니다.

## 그리스도와의 연결

하나님은 '정결'하고 '부정'한 사람들에 대한 베드로의 관점에 도전하기 위해 '정결'하고 '부정'한 음식에 관한 베드로의 관점에 도전하십니다. 베드로는 하나님이 치우침이 없으시며, 자기 백성을 통해 예수님의 죽음과 부활의 메시지를 모든 사람에게 선포하시고, 그들의 삶에서 하나님의 역사를 찬송하게 하시며, 민족적인 혈통과 상관없이 모든 신자를 하나님의 가족으로 환영하도록 명하신다는 사실을 배웠습니다.

**하나님의 계획**
우리의 사명

하나님은 우리로 하여금 치우침 없이 복음을 전해 모든 사람을 구원으로 이끌게 하십니다.

1. 하나님의 복음 사역에 참여하려면 어떤 준비들이 필요할까요?

   _____

   _____

   _____

2. 어떻게 하면 교회/공동체가 치우침 없이 모든 사람에게 사랑을 보여 줄 수 있을까요?

   _____

   _____

   _____

3. 하나님의 구원 계획과 관련해서 하나님이 지금까지 가르쳐 주신 것은 무엇입니까?

   _____

   _____

   _____

모든 사람에게 열려 있는 복음을 치우침 없이 전하다

*
금주의 성경 읽기
눅 3~5장;
요 1~2장

보내시는
하나님

사도행전

*Unit 2*

**암송 구절**

알지 못하던 시대에는 하나님이 간과하셨거니와 이제는 어디든지 사람
에게 다 명하사 회개하라 하셨으니 이는 정하신 사람으로 하여금 천하를
공의로 심판할 날을 작정하시고 이에 그를 죽은 자 가운데서 다시 살리신
것으로 모든 사람에게 믿을 만한 증거를 주셨음이니라 하니라
사도행전 17장 30~31절

# 회심하고 부름받은 전도자

 신학적 주제 ) 하나님은 그리스도께 회심한 자에게 사역을 명하십니다.

**Session 7**

대학원을 갓 졸업한 카를로스는 출세의 꿈을 안고 대기업에 취직했습니다. 그러던 어느 날 한 친구가 불우한 사람들을 돕기 위한 비영리 단체를 만들자는 꿈을 나누어 주었습니다. 얼마 후 카를로스는 직장을 그만두고, 여러 단체를 후원하며 중독에서 회복 중인 사람들을 고용하는 의류 회사의 설립을 도왔습니다.

딜런과 카라 부부는 고급 식당이 즐비한 좋은 동네에 살며 안락한 생활을 하고 있었습니다. 그러던 어느 주일, 목사님이 인종적인 화해와 복음에 관한 설교를 하면서 그들의 집에서 다섯 블록 떨어진 곳에 있는 교회와 새롭게 자매결연을 맺게 된 이야기를 들려주었습니다. 부부는 그 교회를 돕기로 결심하고, 자신들의 집을 개방해 새로운 이웃과 관계를 맺으며 복음을 실천하기 시작했습니다.

누구나 이런 이야기를 들어봤을 것입니다. 자기 길을 가던 사람들이 변화를 겪은 후 삶이 달라졌다는 이야기 말입니다.

*Date*  .    .

**Q** 삶이 극적으로 변화된 이야기를 듣거나 경험해 본 적이 있나요?

　　이 세션에서는 훗날 바울로 알려지게
될 사울이 다메섹 도상에서 하나님과 만나
는 모습을 보게 될 것입니다. 정확히 말하
면, 바울은 '보내시는 하나님'과 만났고, 그
후 이 바리새인의 삶은 완전히 달라졌습니
다. 바울의 이야기는 하나님이 가장 완악한
마음조차 변화시키실 수 있다는 사실을 상
기시킵니다. 또한 우리를 그분의 아들과 함
께 선교하도록 보내시는 하나님의 부름을
받은 회심한 전도자의 모습이 어떠한지를 보여 줍니다.

> *"이전에는 관습이 다르다는 이
> 유로 다른 부족과는 난롯불도
> 함께 쬐지 않고 서로 증오하며
> 살해하던 우리가 그리스도께
> 서 오신 뒤로는 함께 살며 함께
> 식사를 합니다. 이제 우리는 원
> 수를 위해 기도하며, 우리를 미
> 워하는 사람들을 얻으려고 노
> 력합니다."[1]*
>
> _순교자 저스틴

## 1. 예수님이 자신을 박해하던 사울을 만나 주셨습니다(행 9:1~9)

　　사울이 지켜보는 가운데 기독교 최초의 순교자 스데반이 죽자(참조, 행
7:54~60) 그를 사랑했던 사람들은 깊은 슬픔에 빠졌고, 예수님을 따르던 사람
들은 지방 곳곳으로 흩어졌습니다(행 8:1~2). 사도행전 8장은 신자들이 복음을
들고 동서남북으로 흩어진 이야기를 들려줍니다. 다메섹은 도망자들이 갈 수
있는 가장 가까운 도시 중 하나였습니다.

*[1]사울이 주의 제자들에 대하여 여전히 위협과 살기가 등등하여 대제사
장에게 가서 [2]다메섹 여러 회당에 가져갈 공문을 청하니 이는 만일 그 도
를 따르는 사람을 만나면 남녀를 막론하고 결박하여 예루살렘으로 잡아*

회심하고 부름받은 전도자

77

오려 함이라 ³사울이 길을 가다가 다메섹에 가까이 이르더니 홀연히 하늘로부터 빛이 그를 둘러 비추는 지라 ⁴땅에 엎드러져 들으매 소리 가 있어 이르시되 사울아 사울아 네가 어찌하여 나를 박해하느냐 하 시거늘 ⁵대답하되 주여 누구시니이  까 이르시되 나는 네가 박해하는 예수라 ⁶너는 일어나 시내로 들어가라 네가 행할 것을 네게 이를 자가 있느니라 하시니 ⁷같이 가던 사람들은 소 리만 듣고 아무도 보지 못하여 말을 못하고 서 있더라 ⁸사울이 땅에서 일 어나 눈은 떴으나 아무것도 보지 못하고 사람의 손에 끌려 다메섹으로 들어가서 ⁹사흘 동안 보지 못하고 먹지도 마시지도 아니하니라

"사울아 사울아 네가 어찌하여 나를 박해하느냐?"(4절)

사울은 이 음성을 듣고 혼란에 빠졌습니다. 그는 예수님을 만난 적이 없 었기 때문에 그것이 예수님의 음성이라는 것을 알아차리지 못했습니다. 하지 만 경건한 마음으로 귀 기울여야 할 하나님의 메시지인 것은 알았습니다.

그런데 유일하신 참 하나님에게서 나온 천사 같은 사자는 왜 하나님을 신성 모독하는 사람들을 처단하려는 그의 의로운 수고를 가로막은 걸까요? 사 울은 하나님을 박해한 것이 아니라, 오히려 섬기려고 했는데 말입니다! 이 바리 새인은 하나님의 사자의 난처한 질문에 답하지 못한 채 반문했습니다.

"주여 누구시니이까?"(5절)

예수님은 자신이 박해를 받고 있다고 말씀하셨는데, 이는 사울이 예수님 을 따르는 자들을 박해했기 때문이었습니다. 예수님은 사울이 제자들을 박해 한 것은 예수님 자신을 박해한 것이라고 말씀하십니다. 사울이 제자들에게 한 행동은 사실 예수 그리스도께 행하는 것이었습니다. 바로 그 순간, 사울은 창 피함을 느끼며 겸손해지기 시작했습니다. 그가 알고 있던 세상이 변화를 맞이 하면서 우리가 아는 세상이 곧 시작되려던 참이었습니다.

**Q** 이 순간 예수님에 관한 사울의 생각은 어떻게 달라지기 시작했을까요? 자기 자신에 관한 생각은 어떻게 달라지기 시작했을까요?

_____

_____

_____

_____

**핵심교리 99**                    **67. 부르심**

하나님이 사람들을 구원으로 초청하시는 데는 두 가지 방식이 있습니다. 외적으로는 복음의 선포를 통해서, 내적으로는 복음을 듣는 사람의 심령에서 역사하시는 성령을 통해서입니다. 이 두 가지 방식은 그리스도를 믿는 믿음으로 이끄는 데 함께 작용합니다(딤후 1:8~10).

**Q** 하나님은 사울의 주의를 끌기 위해 상당히 독특한 방식으로 다가오셨습니다. 예수님은 오늘날 사람들에게 어떤 방식으로 다가오시나요?

_____

"너는 일어나 시내로 들어가라 네가 행할 것을 네게 이를 자가 있느니라"(행 9:6).

사울이 받은 대제사장의 진군 명령은 곧 지극히 크신 대제사장의 명령으로 대체되었습니다. 간단한 명령으로 들릴지 모르지만, 말이 쉽지 행하기는 어려운 일이었습니다.

그 순간 사울의 눈이 멀었습니다. 그는 사람들의 손에 의지해 다메섹으로 갔습니다. 원래 의도했던 대로 유대교의 수호자로 간 것이 아니라, 자기가 박해하려던 바로 그분의 말을 경청하기 위해 기다리는 겸손한 눈먼 자로 간 것입니다. 난생처음으로 실패를 경험한 사울은 3일 동안 보지도 먹지도 마시지도 못했습니다.

**Q** 어쩌다가 우리는 눈이 멀어서 종교적인 순종과 참으로 하나님을 기쁘시게 하는 순종을 혼동하게 될까요?

_____

## 2. 하나님이 사울에게 도울 자를 보내 주셨습니다 (행 9:10~19)

¹⁰그때에 다메섹에 아나니아라 하는 제자가 있더니 주께서 환상 중에 불러 이르시되 아나니아야 하시거늘 대답하되 주여 내가 여기 있나이다 하니 ¹¹주께서 이르시되 일어나 직가라 하는 거리로 가서 유다의 집에서 다소 사람 사울이라 하는 사람을 찾으라 그가 기도하는 중이니라 ¹²그가 아나니아라 하는 사람이 들어와서 자기에게 안수하여 다시 보게 하는 것을 보았느니라 하시거늘 ¹³아나니아가 대답하되 주여 이 사람에 대하여 내가 여러 사람에게 듣사온즉 그가 예루살렘에서 주의 성도에게 적지 않은 해를 끼쳤다 하더니 ¹⁴여기서도 주의 이름을 부르는 모든 사람을 결박할 권한을 대제사장들에게서 받았나이다 하거늘 ¹⁵주께서 이르시되 가라 이 사람은 내 이름을 이방인과 임금들과 이스라엘 자손들에게 전하기 위하여 택한 나의 그릇이라 ¹⁶그가 내 이름을 위하여 얼마나 고난을 받아야 할 것을 내가 그에게 보이리라 하시니 ¹⁷아나니아가 떠나 그 집에 들어가서 그에게 안수하여 이르되 형제 사울아 주 곧 네가 오는 길에서 나타나셨던 예수께서 나를 보내어 너로 다시 보게 하시고 성령으로 충만하게 하신다 하니 ¹⁸즉시 사울의 눈에서 비늘 같은 것이 벗어져 다시 보게 된지라 일어나 세례를 받고 ¹⁹음식을 먹으매 강건하여지니라 사울이 다메섹에 있는 제자들과 함께 며칠 있을 새

주님의 말씀을 대하는 사울과 아나니아의 차이점에 주목하십시오. 사울은 주님이 누구이신지 알고 싶었고, 아나니아는 주님을 어떻게 섬길 수 있을지 알고 싶었습니다. 하나님은 아나니아에게 한 가지 임무를 주시는데, 그는 굉장한 위험을 감수해야 한다는 사실을 모른 채 "주여 내가 여기 있나이다"(10절)라고 분명하게 말했습니다. 한 가지 임무란, 사울에게 예수님의 사역 명령

> "우리 시야는 너무 제한적이어서 고난으로부터 지켜 주지 않는 사랑은 상상도 못합니다. 그런데 하나님의 사랑은 그 아들을 지켜 주시지 않았습니다. 우리가 그 아들처럼 되지 않게 우리를 꼭 지켜 주시지도 않을 것입니다. 망치와 끌로 수없이 맞고, 불로 정화되는 과정에 들어가야 할 것입니다."[2]
> _엘리자베스 엘리엇

을 전하는 것이었습니다.

아나니아는 "주님, 사람을 잘못 찾으신 것 같습니다"라고 대답한 셈입니다. 예수님의 권위를 의심해서가 아니라, 왜 자신으로 하여금 위험에 뛰어들게 하시는지 이해하고 싶었던 것입니다. 하지만 예수님은 단호하게 "가라"라고 명하셨습니다. 아나니아는 믿음의 발걸음을 떼어 그를 죽이려고 다메섹에 온 사람을 섬겨야 했습니다. 그래야 소임을 다하는 것입니다.

**Q** 하나님이 말도 안 되는 일이나 당신이 싫어하는 일을 시키신다고 느낀 적이 있습니까? 그때 어떻게 했습니까?

**Q** 아나니아에게는 예수님의 말씀에 순종해 사울에게 가기 위한 용기가 필요했습니다. 어떻게 하면 우리도 하나님께 절대적으로 순종할 수 있는 용기를 얻을 수 있을까요? 이런 용기는 어디에서 나오고, 어떻게 얻을 수 있을까요?

아나니아는 순종했고, 열린 마음으로 원수가 될 수 있었던 사람을 형제로 삼았습니다. 예수님의 복음에 눈뜬 사울은 성령 충만해졌고, 예수님의 참 제자가 되었다는 표시로 세례를 받았습니다. 그리스도를 박해했던 자가 이제 그리스도의 제자가 되었습니다. 사울도 아나니아처럼 믿음으로 나아가 수고가 헛되이 되더라도 복음을 전할 것이며, 결국 믿음 때문에 박해를 받게 될 것입니다(행 9:16). 우리는 하나님이 교회 역사상 가장 위대한 선교사이자 신학자가 될 사울을 격려하기 위해 사용하신 다메섹 출신 아나니아의 순종에 감사해야 합니다.

**Q** 하나님은 우리를 불신자들에게도 보내시지만, 신자들에게도 보내십니다. 하나님은 우리를 어떻게 신자들에게 보내시나요?

**Q** 아나니아가 사울에게 다가갔던 것처럼, 신자들이 당신 곁에 다가온 적이 있었나요?

## 3. 하나님이 사울을 강권하여 예수님을 메시아로 선포하게 하셨습니다(행 9:20~25)

*20즉시로 각 회당에서 예수가 하나님의 아들이심을 전파하니 21듣는 사람이 다 놀라 말하되 이 사람이 예루살렘에서 이 이름을 부르는 사람을 멸하려던 자가 아니냐 여기 온 것도 그들을 결박하여 대제사장들에게 끌어가고자 함이 아니냐 하더라 22사울은 힘을 더 얻어 예수를 그리스도라 증언하여 다메섹에 사는 유대인들을 당혹하게 하니라 23여러 날이 지나매 유대인들이 사울 죽이기를 공모하더니 24그 계교가 사울에게 알려지니라 그들이 그를 죽이려고 밤낮으로 성문까지 지키거늘 25그의 제자들이 밤에 사울을 광주리에 담아 성벽에서 달아 내리니라*

"예수님은 하나님의 아들이십니다!" 사울이 교회를 맹렬히 박해했던 자임을 아는 사람들이 스데반을 처형하게 했던 바로 그 말이 사울의 입에서 나왔을 때 얼마나 놀랐을지 상상해 보십시오. 사울의 설교에 유대인들은 당황했는데(행 9:22), 이는 그가 너무나도 명쾌하고 설득력 있게 말해 청중이 어떻게 반박해야 할지 몰랐다는 뜻입니다.

이 사울은 하나님을 위해 잘해 보려고 노력하던 종교 지도자가 아니었습니다. 성령님의 임재와 능력에 힘입은 새 신자 사울이 자기 삶을 변화시켜 주신 예수 그리스도의 복음을 나눈 것이었습니다.

**Q** 다른 사람에게 복음을 전할 때, 우리는 어떤 도전들에 직면하게 됩니까? 어떻게 하면 이 도전들을 극복할 수 있을까요?

**Q** 예수님을 따르는 사람의 이야기의 중심에는 무엇이 있습니까? 어떻게 하면 설득력 있게 이야기를 전할 수 있을까요?

사울처럼 우리도 예수님을 만나서 복음으로 변화되어 하나님께 보냄을 받았습니다. 우리는 지상명령으로 불리는 파송의 소명(마 28:18~20)에는 익숙하지만, 종종 예수님이 우리와 함께하신다는 말씀의 중요성은 놓치곤 합니다. 예수님은 그저 사람들을 주님의 제자로 삼기 위해 우리를 보내시는 것이 아니라, 우리와 '함께' 그들을 제자로 삼기 위해 보내십니다. 하나님이 자기 아들의 이름을 "하나님이 우리와 함께하시다"라는 뜻의 '임마누엘'로 지으신 것에서 이 사실의 중요성을 알 수 있습니다.

요한복음 1장 11~18절에서 요한은 예수님이 오신 것의 의미를 다음과 같이 묘사했습니다. 이것은 그리스도와 함께하는 사역에 대해 깊이 생각해 보게 합니다.

첫째, 예수님이 먼저 사랑하셨습니다(요 1:11~13). 예수님은 자기 백성에게 영접받지 못할 것을 아셨지만, 그들을 먼저 사랑하셨기에 그들에게 은혜를 베푸시고, 그분의 사역에 동참하도록 그들을 초대하셨습니다. 이와 마찬가지로 사랑의 강권함이 있어야 예수님의 복음 선포 사역을 할 수 있습니다.

둘째, 예수님이 친히 오셨습니다(요 1:14). 예수님은 육신을 입고, 우리 이웃으로 오셨습니다. 우리를 세상에서 끄집어내는 대신 뒤죽박죽인 세상 속으로 친히 들어오셨습니다. 축출이 아닌 참여를 선택하신 것입니다. 오늘도 여전히 예수님은 복음이 필요한 사람들의 삶 속으로 들어가 함께하자고 초대하십니다.

셋째, 예수님이 은혜에 담긴 진리를 강조하셨습니다(요 1:15~17). 예수님은 하나님이 줄곧 말씀하셨던 것이 참되다는 것을 전하기 위해 오셨습니다. 즉 우리를 영원히 변함없이 사랑하시며 선하심으로 임재하시어 우리 가까이 있기를 원하신다는 것입니다. 그러나 예수님은 진리를 냉정하게 말씀하시지 않고, 은혜로 감싸 전해 주셨습니다. 하나님은 우리도 그와 똑같은 일을 하도록 보내셨습니다. 메시아이신 예수님의 진리를 확신을 가지고 담대하게 말하되, 사랑과 은혜로 말하도록 말입니다.

넷째, 예수님은 우리에게 아버지를 나타내셨습니다(요 1:18). 예수님은 하나님이 누구이신지 설명하고 보여 주기 위해 오셨습니다. 이것은 우리의 사명이기도 합니다. 우리는 우리가 그랬던 것처럼 다른 사람들도 그리스도 안에서 자기 정체성과 그리스도의 보호하심을 발견하고, 그리스도와 함께 자기 삶의 목적을 발견하게 하기 위해 하나님 아버지를 나타내도록 예수님과 함께 보냄을 받았습니다.

 **Q** 요한복음 1장에 나오는 예수님이 이 땅에 오신 네 가지 이유 중에서 나와 가장 가까운 내용은 무엇입니까? 그렇게 생각하는 이유는 무엇인가요?

# 결론

대부분의 초대교회 신자는 사울을 복음의 대적이자 어떻게 해서든 피해야만 할 존재로 여겼을 것입니다. 그러나 하나님은 사울의 회심을 통해 그들에게(우리에게도) 매우 중요한 교훈을 주셨습니다. 하나님의 자비로우신 은혜를 받지 못할 사람은 아무도 없다는 것입니다. 예수 그리스도의 손길이 닿지 않는 사람은 없습니다. 하나님의 구원의 능력은 한계가 없으시니, 사울처럼 예수 그리스도를 가장 공격적으로 박해했던 사람에게까지 그 은혜가 미칠 수 있습니다. 복음이 사울을 변화시켰다면, 누구나 변화될 수 있습니다.

> "그리스도의 제자는 주님이 오셔서 목숨을 바치신 '세계 복음화'라는 똑같은 일을 위해서 보냄을 받은 남자와 여자입니다. 전도는 우리 삶에서 해도 되고, 안 해도 되는 부수적인 일이 아닙니다. 그것은 보냄을 받은 우리가 꼭 해야만 하는 모든 일의 핵심입니다."[3]
> _로버트 E. 콜먼

**그리스도와의 연결**

훗날 바울이 될 사울의 회심과 부르심은 하나님의 구원의 능력을 보여 줍니다. 한때 하나님의 백성을 완악한 마음으로 박해했던 사울이 십자가에 못 박히고 부활하신 예수님과의 만남을 통해 세계 역사상 가장 위대한 선교사가 되었습니다. 오직 복음만이 그리스도의 대적을 그리스도의 구원을 열렬하게 증언하는 증인으로 변화시킬 수 있습니다.

**하나님의
계획**
우리의 사명

하나님은 우리에게 하나님이 가장 완악한 마음조차 변화시키실 수 있다는 전적인 확신을 가지고 기도하라고 명하십니다.

1.  성경의 진리를 따라 살려면, 하나님의 능력과 회심에 관한 생각을 어떻게 바꿔야 할까요?

    _____

    _____

    _____

2.  어떻게 하면 교회/공동체가 믿음으로 나아가 평판이 나쁜 사람들에게 복음을 전하고, 그중 믿는 사람들을 교회로 인도하는 사역을 감당할 수 있을까요?

    _____

    _____

    _____

3.  주님께 마음이 완악한 지인에게 복음을 전할 담대함을 주시고, 그의 마음을 변화시켜 주시길 청하는 기도문을 써 보십시오.

    _____

    _____

    _____

회심하고 부름받은 전도자.

*
금주의 성경 읽기
눅 6~8장;
요 3~5장

# 하나님의 도구로 쓰임받는 선교사

 **신학적 주제** 하나님 나라는 미전도 종족 선교를 통해 확장됩니다.

**Session 8**

'그리스도를 따르는 사람은 모두 선교사이다'라는 말을 들어봤을 것입니다. 이 개념은 일상생활에서 주변 사람들을 제자로 삼으라는 소명을 상기시켜 줍니다. 하나님은 우리가 있는 곳에서 선교하는 삶을 살게 하십니다. 그러나 어떤 그리스도인들은 하나님의 부르심을 받아 타지에서 말 그대로 선교사로서 제자 삼는 사역을 하도록 파송됩니다.

 **Q** 선교사를 어떻게 정의하겠습니까?

_____

_____

'선교사'를 정의하는 것이 중요한 이유는 하나님이 모든 민족과 언어와 국경을 넘어 복음이 세상 끝까지 전파되도록 계시하신 방법이 교회에서 선교사를 파송하는 것이기 때문입니다. 하나님의 계획에 동참하려면, 먼저 선교사

*Date* . .

가 무슨 일을 하는 사람인지 이해해야 합니다.

이 세션에서는 하나님이 교회를 통해서 최초의 선교사들을 어떻게 파송하셨는지를 살펴볼 것입니다. 선교사들은 자신이 선포하는 복음 메시지 때문에 저항에 부딪히고, 고난을 만나더라도 예수님이 인도하시는 곳이라면 어디든지 좇을 만큼 헌신적이었습니다. 하나님은 선교사들을 통해 다른 사람들을 하나님의 가족으로 데려오실 뿐만 아니라, 교회가 그들을 통해 역사하시는 하나님의 모습을 보고 강해지도록 용기를 북돋워 주셨습니다.

> "하나님은 전 세계적인 분이시기에 우리는 전 세계적인 전망을 가진 전 세계적인 그리스도인이 되어야 합니다."[1]
> _존 스토트

## 1. 하나님은 교회를 통해 선교사들을 파송하십니다(행 13:1~3)

> [1]안디옥 교회에 선지자들과 교사들이 있으니 곧 바나바와 니게르라 하는 시므온과 구레네 사람 루기오와 분봉 왕 헤롯의 젖동생 마나엔과 및 사울이라 [2]주를 섬겨 금식할 때에 성령이 이르시되 내가 불러 시키는 일을 위하여 바나바와 사울을 따로 세우라 하시니 [3]이에 금식하며 기도하고 두 사람에게 안수하여 보내니라

안디옥 교회 지도자들은 예배하고 금식하던 사울과 바나바를 따로 세워 하나님이 시키시는 일을 하도록 하라는 성령님의 음성을 들었습니다. 하나님은 두 사람에게 특별한 사역을 맡기기 위해 교회의 일상적인 사역에서 떼어 놓으셨습니다. 사울과 바나바는 복음이 닿지 않은 지역에 복음을 전하는 선교사가 되기 위해서 그들 교회와 안디옥에서의 익숙했던 삶을 떠나게 되었습니다.

이별은 고통스럽고, 떠나보내는 것은 결코 쉽지 않습니다. 당시 안디옥

교회가 그랬고, 오늘날의 교회도 마찬가지입니다. 누군가를 파송하면, 교회는 지역 사역을 위해 필요한 인원을 잃게 됩니다. 파송하는 것은 힘겹고, 고통스러우며, 위험합니다. 파송받는 것도 쉬운 일이 아닙니다. 선교사가 되어 하나님과 함께 새로운 미지의 땅에 들어가는 것은 어려운 일입니다. 특히 자기 가족과 영적인 가족을 모두 남겨 두고 떠나야 하기에 더욱 어렵습니다.

> "하나님은 위대한 믿음의 소유자를 찾으시는 게 아니라 주님을 따를 준비가 된 개인들을 찾으십니다."[2]
> _J. 허드슨 테일러

**Q** 당신의 교회는 파송한 선교사들을 어떤 식으로 후원하고 있습니까?

_____

_____

**Q** 선교사로 나가지 않는 이유로 흔히 자기 합리화를 제시하는데 여기에는 어떤 내용이 있을까요?

_____

_____

여기서 짚고 넘어갈 점이 있습니다. 우리는 2절에서 몇몇 사람들을 떼어 선교사로 보내시는 하나님의 독특한 방식을 볼 수 있습니다. 선교사들은 다른 사람들로 하여금 그들이 그리스도께 받은 정체성을 발견하도록 돕기 위해 자기 고향을 떠나 하나님이 뜻하시는 곳으로 보냄을 받았다는 정체성을 얻습니다. 그러나 여기서 중요한 것은 그들만 파송받은 것이 아니라는 사실입니다. 우리는 모두 이러한 강권적인 정체성을 가지고 있습니다. 이것이 바로 우리가 사람들을 제자로 삼는 이유입니다. 이것이 바로 "가라" 하신 곳에 있는 이유입니다. 왜냐하면 우리가 믿는 복음의 좋은 소식이 우리로 하여금 다른 사람들도 그것을 믿을 수 있도록 가서 도우라고 강권하기 때문입니다.

사랑도 받아 본 사람이 나눌 수 있습니다. 그리스도는 우리로 하여금 보냄을 받으신 이와 함께 풍성한 삶을 사는 보냄을 받은 자가 되게 하십니다. 우리는 이웃과 열방 가운데 보내져 사람들을 예수님의 제자로 삼는 예수님의 제자가 됩니다.

우리는 하나님의 사랑을 확보하기 위해서 하나님께 순종하거나 보내심을 따르는 것이 아닙니다. 우리는 그리스도의 전가된 의를 통해서 하나님의 사랑이 완전히 보장되었으므로, 가족과 친구와 이웃과 더 나아가 열방이 우리가 소유한 것을 경험하기를 바라기 때문에 떠납니다. 사울과 바나바가 떠난 이유가 그 때문이었고, 우리 또한 그 이유 때문에 떠납니다.

**핵심교리 99**

**84. 교회와 하나님 나라**

교회와 하나님 나라는 동일하지는 않지만, 밀접하게 연결되어 있습니다. 성경이 하나님 나라에 관해 말할 때는 세상에서의 하나님의 통치를 가리키는 것입니다. 교회란 장차 하나님 나라가 온전히 드러날 것을 고대하며 하나님의 사랑의 통치하에 살아가는 하나님의 백성입니다. 교회의 사명은 그리스도를 통한 하나님의 구원 메시지를 선포하고, 선행을 통해 복음의 능력을 나타냄으로써 하나님 나라를 증거하는 것이며, 그리하여 다른 사람들도 하나님의 통치 아래 살아가도록 인도하는 것입니다.

 **Q** '보냄을 받은 정체성'이 일상생활 방식에 어떻게 적용되어야 할까요?

---

## 2. 하나님은 선교사들로 하여금 저항과 고난을 견디게 하십니다(행 14:8~20)

⁸루스드라에 발을 쓰지 못하는 한 사람이 앉아 있는데 나면서 걷지 못하게 되어 걸어 본 적이 없는 자라 ⁹바울이 말하는 것을 듣거늘 바울이 주목하여 구원받을 만한 믿음이 그에게 있는 것을 보고 ¹⁰큰 소리로 이르되 네 발로 바로 일어서라 하니 그 사람이 일어나 걷는지라 ¹¹무리가 바울이 한 일을 보고 루가오니아 방언으로 소리 질러 이르되 신들이 사람의 형상으로 우리 가운데 내려오셨다 하여 ¹²바나바는 제우스라 하고 바울은 그중에 말하는 자이므로 헤르메스라 하더라 ¹³시외 제우스 신당의

제사장이 소와 화환들을 가지고 대문 앞에 와서 무리와 함께 제사하고 자 하니 [14]두 사도 바나바와 바울이 듣고 옷을 찢고 무리 가운데 뛰어들 어가서 소리 질러 [15]이르되 여러분이여 어찌하여 이러한 일을 하느냐 우 리도 여러분과 같은 성정을 가진 사람이라 여러분에게 복음을 전하는 것은 이런 헛된 일을 버리고 천지와 바다와 그 가운데 만물을 지으시고 살아 계신 하나님께로 돌아오게 함이라 [16]하나님이 지나간 세대에는 모 든 민족으로 자기들의 길들을 가게 방임하셨으나 [17]그러나 자기를 증언 하지 아니하신 것이 아니니 곧 여러분에게 하늘로부터 비를 내리시며 결 실기를 주시는 선한 일을 하사 음식과 기쁨으로 여러분의 마음에 만족하 게 하셨느니라 하고 [18]이렇게 말하여 겨우 무리를 말려 자기들에게 제사 를 못하게 하니라 [19]유대인들이 안디옥과 이고니온에서 와서 무리를 충 동하니 그들이 돌로 바울을 쳐서 죽은 줄로 알고 시외로 끌어 내치니라 [20]제자들이 둘러섰을 때에 바울이 일어나 그 성에 들어갔다가 이튿날 바 나바와 함께 더베로 가서

걷지 못하는 사람이 치유된 것을 본 무리가 그들 방언으로 바울과 바나 바를 사람의 형상으로 내려온 신이라고 선포하며 칭송하기 시작했습니다. 전설 에 따르면, 제우스와 헤르메스가 땅에 내려왔을 때 루스드라에 잠시 들렀습니 다. 이런 이유로 사람들은 바나바를 제우스로, 바울은 헤르메스로 간주했습니 다. 두 사람 중에 말로 선포한 바울을 신들의 전령으로 알려진 헤르메스로 여 겼기 때문입니다.

바울과 바나바는 하나님의 영광을 가로챈 사람들에게 일어난 일을 듣고 보아 잘 알고 있습니다. 그들은 그런 일에 연루되고 싶지 않았습니다. 그래서 무리에게 하늘과 땅과 바다와 그 안의 모든 것을 지으신 오묘하신 하나님을 강 조하는 한편, 그들 자신은 평범한 인간임을 보여 주려고 애썼습니다. 그들은 이 교도인 루스드라 사람들에게 출애굽기 20장 11절과 시편 146편 6절을 인용해 들려주었는데, 아마도 이것은 그들이 섬기던 신들이 피조물들과 관련되어 있 기 때문이었을 것입니다. 바울과 바나바는 그들에게 제사 지내려는 사람들을 간신히 제지했습니다.

바울과 바나바가 이전에 여행했던 곳에서 유대인들이 그들을 해칠 의도를 가지고 왔습니다. 그들은 무리로 하여금 바울과 바나바를 대적하게 만들어 바울을 돌로 치고 그를 내다 버리게 했습니다. 그러나 바울은 고집스러울 정도로 용감했습니다. 제자들이 바울을 땅에 묻기 위해 모여들었습니다. 그러자 그가 일어나 곧바로 성으로 돌아갔습니다.

 **바울은 돌에 맞고 일어나 왜 다시 루스드라로 갔을까요?**

_____

_____

_____

바울은 복음을 위해 모든 것을 잃을 준비가 되어 있었습니다. 심지어 목숨까지도 말입니다. 선교사는 극심한 저항과 고난 중에서도 하나님께 모든 필요를 전적으로 의탁하도록 부름받았습니다.

현재 세계에는 약 74억 명의 사람들이 살고 있습니다. 만일 미국 교회가 지상명령을 수행하는 데 전심으로 헌신해 신자 한 명이 일 년에 한 명을 제자로 삼고, 다음 해에는 이 두 명이 한 명씩 제자로 삼고, 그다음 해에는 그 네 명이 한 명씩 제자로 삼는 식으로 일대일 제자도가 이루어진다면, 전 세계 인구를 제자로 만드는 데 얼마나 걸릴까요? 고작 34년입니다!

> "그리스도인들은 돈을 더 많이 벌거나, 더 안락하게 살거나, 휴가를 더 자주 떠나거나, 더 넉넉한 은퇴 생활을 추구하거나, 세상 사람들 눈에 더 성공적으로 보이기를 바라지는 않을 것입니다. 오히려 각 나라와 백성들이 보좌 앞에 엎드려 순종하는 모습을 기뻐하시는 구세주와 영원한 예배에 합당하신 하나님을 노래하고 찬양하게 될 그날을 위해 더 많은 시간을 드리기를 바랄 것입니다."[3]
>
> _데이비드 플랫

교회는 근 2000년간 계속되어 왔는데, 우리는 왜 이 일을 이루지 못했을까요? 왜 지금까지 열방에서 제자를 만들지 못했을까요? 어쩌면 보내시는 하나님보다 우리 자신의 안락함을 위해 더 헌신해 왔기 때문인지도 모릅니다.

**Q** 보냄을 받은 자로서 살기 위해 무엇인가를 반드시 포기해야만 한다면, 무엇을 포기하는 것이 가장 어려울까요? 그 이유는 무엇인가요?

_____

_____

## 3. 하나님은 선교 활동을 통해 교회를 강하게 하십니다

### (행 14:21~28)

²¹복음을 그 성에서 전하여 많은 사람을 제자로 삼고 루스드라와 이고니온과 안디옥으로 돌아가서 ²²제자들의 마음을 굳게 하여 이 믿음에 머물러 있으라 권하고 또 우리가 하나님의 나라에 들어가려면 많은 환난을 겪어야 할 것이라 하고 ²³각 교회에서 장로들을 택하여 금식 기도하며 그들이 믿는 주께 그들을 위탁하고 ²⁴비시디아 가운데로 지나서 밤빌리아에 이르러 ²⁵말씀을 버가에서 전하고 앗달리아로 내려가서 ²⁶거기서 배 타고 안디옥에 이르니 이곳은 두 사도가 이룬 그 일을 위하여 전에 하나님의 은혜에 부탁하던 곳이라 ²⁷그들이 이르러 교회를 모아 하나님이 함께 행하신 모든 일과 이방인들에게 믿음의 문을 여신 것을 보고하고 ²⁸제자들과 함께 오래 있으니라

바울과 바나바는 예수님의 제자들을 만들기 위해 루스드라에서 더베로 갔습니다. 그러고 나서 두 선교사는 그들이 이전에 사역했던 도시들을 다시 거쳐 안디옥으로 돌아갔습니다. 이전에 사역했던 도시들을 재방문한 이유는 두 가지였습니다.

첫째, 바울과 바나바는 기독교 신앙에 날로 적대적으로 변해 가는 제국에서 신앙을 가지고 살기란 쉽지 않았기 때문에 각 도시의 새 신자들에게 인내의 용기를 불어넣어 주며 힘을 주기 원했습니다.

둘째, 바울과 바나바는 교회에 고난이 닥칠 수 있다는 것을 알려 주고 싶었습니다. 예수님은 자기를 따르는 자들이 자기로 말미암아 미움받고 박해당

할 것이라고 예언하셨습니다(요 15:18~25). 여행 중에 이런 박해를 직접 경험한 바울과 바나바는 이제 예수님이 하신 약속을 되풀이하고 있습니다.

　　격려에는 누군가를 기분 좋게 하는 것보다 훨씬 큰 목적이 담겨 있습니다. 격려의 핵심 목적은 누군가로 하여금 행동하도록 동기를 부여하는 것입니다. 격려는 어떤 행동이 아무리 어렵고 큰 위험을 수반하더라도, 필요에 의해 행동에 옮길 수 있도록 용기와 힘을 줍니다.

> "주님을 모르는 사람들은 우리에게 도대체 왜 선교사로 인생을 낭비하느냐고 묻습니다. 그들은 그들 역시 인생을 소비하고 있다는 사실을 잊고 있습니다. 거품이 빠지고 난 후에야 그들이 낭비한 세월에 영원한 가치를 지니는 어떤 것도 남아 있지 않다는 것을 알게 될 것입니다."[4]
>
> _네이트 세인트

 **Q** 믿음으로 행동할 수 있도록 다른 사람에게서 격려를 받아 본 적이 있나요?

_____

_____

　　바울과 바나바가 어떻게 교회로 하여금 고난에 직면하도록 격려해 주었는지에 주목하십시오. 그들은 고난을 축소해서 알려 주거나, 고난을 피하게 해 달라는 기도를 하라고 권하지 않았습니다. 오히려 고난의 불가피한 현실을 포용할 수 있도록 도와줌으로써 교회를 격려했습니다.

　　"고난이 올 것이니 준비하십시오. 하나님은 하나님 나라의 목적을 위해 고난을 사용하시므로 고난이 닥칠 것입니다."

　　이 메시지는 오늘날 우리에게도 여전히 해당되며, 어쩌면 그 어느 때보다도 현시점에 가장 적합한 내용인지도 모릅니다. 우리 중에 복음을 위해 안락함을 포기하고 고난과 고통을 받을 준비가 되어 있는 사람이 몇이나 될까요? 우리 문제는 우리가 안락함과 고난에 관해 잘못된 견해를 가지고 있다는 것인지도 모릅니다.

　　우리는 거꾸로 생각하고 있습니다. 즉 그리스도께서 우리가 아주 작은 고난만 겪는 안락한 삶을 살길 바라신다고 생각합니다. 그러나 예수님이 약속하신 것은 그와는 정반대입니다. 우리는 주님으로 말미암아 고난을 경험해야만 하고, 그리스도를 따르는 데 고난은 필수적입니다. 그러니 소명에 충실하게 살 수 있도록 격려하고, 격려받는 일에 충실합시다.

> "하나님은 거룩한 사람들을 환란에서 구하시는데, 그들을 시험하지 않으시는 방법을 통해서가 아니라 그들에게 인내의 복을 주심으로써 구하십니다."[5]
> _바실리우스

 역경과 고난을 경험하는 것은 복음 전파에 어떤 영향을 미치나요?

# 결론

예수님은 제자들에게 음부의 권세가 교회를 이기지 못하리라고 말씀하셨습니다(마 16:18). 이 말씀은 교회가 주도적이라는 사실을 상기시킵니다. 교회의 시작에서부터 볼 수 있듯이 하나님이 하나님 나라를 확장하기 위해 주로 쓰시는 방법은 선교사를 보내는 것입니다.

보내시는 하나님은 세계 곳곳에 흩어져 있는 복음이 닿지 않은 사람들에게 주님의 마음을 전달하기 위해 우리를 부르십니다. 우리는 주님의 부르심에 충실하기 위해 "하나님이 나를 어디로 보내시는가?"라고 자문해 봐야 합니다. 만일 지금 있는 곳에 남아 있으라는 답을 얻게 된다면, 우리는 파송된 사람들을 어떻게 지원할 수 있을지 다시 물어야 합니다. 선교사들을 물질로나 기도로나 격려로 어떻게 지원할 수 있을까요?

## 그리스도와의 연결

예수님은 제자들에게 음부의 권세가 교회를 이기지 못할 것이라고 말씀하셨습니다. 이 말씀은 예수님이 그분의 교회를 세우실 것이라는 확신 가운데, 예수님의 강력한 복음을 들고 영적인 암흑 속으로 들어가는 하나님 백성의 '공격적'인 모습을 볼 수 있게 해 줍니다.

## 하나님의
## 계획
### 우리의 사명

하나님은 복음을 한 번도 듣지 못한 사람들을 위해서 선교사를 파송하고 후원하라고 교회에 명하십니다.

1. 어떻게 하면 가는 곳마다 사람들을 예수님의 제자로 삼을 수 있을까요?

   _____

   _____

   _____

2. 어떻게 하면 더 많은 선교 사역을 감당하거나, 복음이 필요한 곳에 복음을 전할 수 있도록 선교사들을 후원할 수 있을까요?

   _____

   _____

   _____

3. 어떻게 하면 교회/공동체가 선교사 후원과 선교 보고로 받는 격려에 우선순위를 둘 수 있을까요?

   _____

   _____

   _____

하나님의 도구로 쓰임받는 선교사

*
금주의 성경 읽기
마 14~18장;
눅 9장

# "오직 그리스도"에 관한 논쟁

 신학적 주제

복음은 오직 그리스도를 믿음으로써 은혜로만 구원을 얻는다고 선언합니다.

 Session
9

1998년에 개봉한 〈라이언 일병 구하기〉는 나이 든 한 남자가 그의 아내와 자녀들과 손주들과 함께 프랑스의 노르망디 미군 기념 묘지를 걸어가는 장면으로 시작됩니다. 그는 존 밀러 대위가 이끄는 중대가 적진에서 구해 냈던 제임스 프랜시스 라이언 일병이었습니다. 마지막 전투에서 다수의 군인이 죽었고, 밀러 대위도 치명상을 입었습니다. 밀러 대위는 죽어 가면서 라이언 일병에게 몸을 기울여 이렇게 말합니다.

"제임스, 값지게 살아. 값지게."

마지막 장면에서 나이 든 라이언이 밀러 대위의 묘 앞에 서서 자기 아내에게 자신이 잘 살아왔고, 좋은 사람이라고 말해 달라고 부탁합니다. 노인이 자기 인생을 돌아보면서 자신에게 허락된 삶을 값지게 살아왔는지 궁금해하며 번민하는 모습이 의미심장합니다. 누군가가 목숨을 바쳐 희생한 대가로 주어진 삶을 값지게 하루하루 살아가는 모습을 상상해 보십시오. 그리스도 안에 있는 우리에게 이것은 가상의 상황이 아닙니다. 우리는 그리스도 예수 안에서 이

 *Date*        .        .

96

것을 경험했습니다. 그러나 문제는 많은 사람이 라이언 일병처럼 자신에게 선물처럼 주어진 삶을 값지게 살아야 한다는 사실을 잘 이해하지 못한다는 것입니다. 우리는 자신에게 주어진 선물을 온전히 받아들이지 못하고, 구원을 얻기 위해 살아야 한다고 생각합니다.

 왜 일부 그리스도인들은 구원은 오직 은혜로만 얻으며, 구원을 얻기 위해서나 얻은 후에도 구원을 위해 무언가를 할 필요가 없다는 사실을 받아들이기 힘들어할까요?

_____

_____

이 세션에서는 교회가 이방인의 구원의 본질에 관한 첨예한 갈등을 어떻게 다루었는지 보게 될 것입니다. 이방인들은 오직 믿음으로써 구원받을까요? 아니면 먼저 율법에 순종함으로써 구원받을까요? 이 중대한 질문에 답하기 위해 모였던 예루살렘 공회는 교회가 분쟁을 어떻게 다루어야 하는지에 관한 좋은 본보기를 남겨 주었을 뿐만 아니라, "오직 그리스도"라는 복음 메시지를 지키는 데 핵심적인 역할을 했습니다.

## 1. '예수님만으로'인가? 아니면 '예수님 말고도'인가?(행 15:1~5)

> [1]어떤 사람들이 유대로부터 내려와서 형제들을 가르치되 너희가 모세의 법대로 할례를 받지 아니하면 능히 구원을 받지 못하리라 하니 [2]바울 및 바나바와 그들 사이에 적지 아니한 다툼과 변론이 일어난지라 형제들이 이 문제에 대하여 바울과 바나바와 및 그중의 몇 사람을 예루살렘에 있는 사도와 장로들에게 보내기로 작정하니라 [3]그들이 교회의 전송을 받고 베니게와 사마리아로 다니며 이방인들이 주께 돌아온 일을 말하여

형제들을 다 크게 기쁘게 하더라 4예루살렘에 이르러 교회와 사도와 장로들에게 영접을 받고 하나님이 자기들과 함께 계셔 행하신 모든 일을 말하매 5바리새파 중에 어떤 믿는 사람들이 일어나 말하되 이방인에게 할례를 행하고 모세의 율법을 지키라 명하는 것이 마땅하다 하니라

이방인들이 그리스도를 믿게 되었다는 소식을 들은 사람들이 유대에서 안디옥으로 내려오면서부터 논쟁이 시작되었습니다. 그들은 이방인들의 구원 가능성을 부인하지는 않았지만, 그들이 율법을 따르지 않고도 구원받을 수 있다는 사실은 부인했습니다. 그들이 구원을 받으려면 반드시 할례를 받아야 한다고 가르치기 시작했다는 점에 주목하십시오.

바울과 바나바는 유대에서 온 사람들의 가르침을 들은 후, 그들에 맞서 심각한 논쟁과 토론을 벌였습니다. 논쟁의 본질은 구원받는 데 예수님만으로 충분한지, 아니면 할례처럼 추가적인 요소가 필요한지에 관한 것이었습니다. 바울과 바나바는 크게 두 가지 이유로 그들의 가르침을 거부했습니다.

첫 번째 이유는 구원이 오직 믿음으로 말미암아 은혜로 주어진다는 복음의 핵심과 관련이 있습니다(엡 2:8~9). 유대에서 온 사람들은 믿음만으로는 충분하지 않다고 가르쳤습니다. 그들은 구원받기 위해서는 먼저 하나님의 언약 공동체인 이스라엘 백성에 속해야 하고, 하나님의 공동체의 일원이 되기 위해서는 할례의 증표가 필요하다고 주장했습니다. 반면, 바울과 바나바는 구원받기 위해서 특정한 백성에 속할 필요가 없고, 누구든지 어디서나 예수 그리스도를 신뢰하는 순간 구원을 받는다고 이해했습니다. 이방인들에게 할례를 요구하는 것은 구원받기 위해 무엇인가를 해야 한다는 뜻입니다. 그러나 구원받기에 합당한 사람은 아무도 없습니다. 살아 계신 하나님과의 관계 안으로 초청받기에 합당한 사람은 아무도 없습니다. 구원은 은혜로 얻는 것입니다. 구원은 은혜에서 시작되고, 은혜로 유지되며, 은혜로 완성됩니다. 구원에 합당한 사람이 아무도 없기에 이방인들에게 구원을 위해서 무엇인가를 행하도록 요구해서는 안 됩니다.

두 번째 이유는 바울과 바나바의 선교사적인 마음과 관련이 있습니다. 대부분의 선교사는 사람들이 자기 삶의 자리에서 복음을 생각해 보도록 권면

하고 격려합니다. 이방인들에게 할례를 요구하는 것은 그들에게 부담을 가중시키는 일이며, 복음 전파에도 방해가 될 것입니다.

따라서 초대교회는 세상에 어떤 복음을 전할지를 두고, 교차로에 서게 되었습니다.

**Q** 우리가 붙들고 있는 신념이나 전통 중에 다른 사람들을 위한 복음을 가로막는 것은 무엇입니까?

_____

_____

**Q** 초대교회는 교회의 선교와 연합에 대한 잠재적인 위협을 적극적으로 다루었습니다. 그들에게서 무엇을 배울 수 있습니까?

_____

_____

## 2. '율법의 전통인가?' 아니면 '성경 말씀과 복음의 체험인가?'

(행 15:6~21)

6 사도와 장로들이 이 일을 의논하러 모여 7많은 변론이 있은 후에 베드로가 일어나 말하되 형제들아 너희도 알거니와 하나님이 이방인들로 내 입에서 복음의 말씀을 들어 믿게 하시려고 오래전부터 너희 가운데서 나를 택하시고 8또 마음을 아시는 하나님이 우리에게와 같이 그들에게도 성령을 주어 증언하시고 9믿음으로 그들의 마음을 깨끗이 하사 그들이나 우리나 차별하지 아니하셨느니라 10그런데 지금 너희가 어찌하여 하나님을 시험하여 우리 조상과 우리도 능히 메지 못하던 멍에를 제자들의 목에 두려느냐 11그러나 우리는 그들이 우리와 동일하게 주 예수의 은혜로 구원받는 줄을 믿노라 하니라 12온 무리가 가만히 있어 바나바와 바울이 하나님께서 자기들로 말미암아 이방인 중에서 행하신 표적과 기사에 관하

여 말하는 것을 듣더니 <sup>13</sup>말을 마치매 야고보가 대답하여 이르되 형제들
아 내 말을 들으라 <sup>14</sup>하나님이 처음으로 이방인 중에서 자기 이름을 위할
백성을 취하시려고 그들을 돌보신 것을 시므온이 말하였으니 <sup>15</sup>선지자들
의 말씀이 이와 일치하도다 기록된 바 <sup>16</sup>이후에 내가 돌아와서 다윗의 무
너진 장막을 다시 지으며 또 그 허물어진 것을 다시 지어 일으키리니 <sup>17</sup>이
는 그 남은 사람들과 내 이름으로 일컬음을 받는 모든 이방인들로 주를
찾게 하려 함이라 하셨으니 <sup>18</sup>즉 예로부터 이것을 알게 하시는 주의 말씀
이라 함과 같으니라 <sup>19</sup>그러므로 내 의견에는 이방인 중에서 하나님께로
돌아오는 자들을 괴롭게 하지 말고 <sup>20</sup>다만 우상의 더러운 것과 음행과 목
매어 죽인 것과 피를 멀리하라고 편지하는 것이 옳으니 <sup>21</sup>이는 예로부터
각 성에서 모세를 전하는 자가 있어 안식일마다 회당에서 그 글을 읽음
이라 하더라

공회가 이 사안을 얼마간 논의한 후에 베드로가 일어나서 모인 사람들
에게 이방인들이 할례 없이 오직 은혜로만 구원받는다는 주장을 뒷받침하는
강력한 증거를 제시했습니다. 베드로는 고넬료와 있었던 일과 하나님이 그에
게 전통을 고집하는 사고방식을 버리고 복음에 초점을 맞춘 사고방식으로 바
꾸어야 한다는 사실을 어떻게 계시하셨는지를 상기시켰습니다(행 10~11장). 할
례는 하나님의 백성이 세상으로부터 분리되었다는 사실과 그들의 순결에 대한
증표였습니다. 그러나 할례의 증표는 이제 그리스도 안에서 성취가 되었습니
다. 그리스도를 믿음으로 받는 세례가 바로 할례를 대체합니다. 구약의 할례는
육체에 받으나, 예수님을 믿음으로 받는 세례는 마음에 받는 할례와 같습니다.
구원받기 전에 할례를 먼저 받아야 한다는 주장은 마치 믿기 전에 세례를 먼저
받아야 한다는 주장과 같으며, 이는 복음의 핵심 내용을 약화시킵니다. 그리스
도 안에서 순결과 세상으로부터의 분리는 구원으로 이끄는 것이 아니라, 구원
에서 흘러나오는 것입니다. 사도 바울이 로마서에서 말했듯이 구원을 받으려
면 먼저 할례를 받아야 한다는 주장은 복음의 핵심 내용을 약화시켰습니다.
베드로가 말을 마치자 방금 전까지 열띤 논쟁을 벌이던 무리가 쥐 죽은
듯이 조용해졌습니다. 바울과 바나바는 이 기회를 놓치지 않고, 하나님이 그들

을 통해 이방인들을 믿음으로 인도하신 일들을 나누며 베드로의 말을 뒷받침 했습니다. 그들은 하나님이 변화시키신 수많은 이방인의 예를 나열했습니다.

그다음 차례는 야고보였습니다. 그는 베드로의 증언을 확증해 나가다가 무리에게 성경을 가리켜 보였습니다. 야고보는 이방인들이 믿음을 갖게 된 것 이 하나님의 계획의 일부였음을 보이기 위해 아모스 9장 11~12절을 인용했습 니다. 하나님은 그들의 조상에게 유대인들과 이방인들을 포함한 모든 사람이 주를 찾게 될 것이라고 말씀하셨습니다. 구원 메시지가 유대인만을 위했던 적 은 한 번도 없었습니다.

야고보는 하나님이 성경에서 계시하신 내용과 그들의 체험을 토대로 교 회가 이방인들로 하여금 그리스도를 어렵게 믿게 해서는 안 되며, 할례가 이것 을 어렵게 만든다고 결론지었습니다. 그러나 야고보는 이방인 신자들이 유대 인들과의 연합을 위협할 수 있고, 다른 유대인들이 그리스도를 믿는 데 장애가 될 수 있다는 사실을 알았습니다. 그래서 그는 이방인 신자들이 교회의 신성함 과 연합을 해치지 않도록 그들이 흔히 하는 몇 가지 활동을 금하는 편지를 쓰 게 했습니다.

**Q** 복음을 위해 포기해야 했던 전통들은 무엇입니까? 어떻게 그것들을 포기할 수 있었습 니까?

_____

_____

_____

**Q** 하나님이 하시는 일을 입증하려 할 때 체험에만 의존하는 것은 어떤 위험이 있습 니까?

_____

_____

_____

## 3. 자유와 사랑이 결론입니다(행 15:22~35)

*<sup>22</sup>이에 사도와 장로와 온 교회가 그중에서 사람들을 택하여 바울과 바나바와 함께 안디옥으로 보내기를 결정하니 곧 형제 중에 인도자인 바사바라 하는 유다와 실라더라 <sup>23</sup>그 편에 편지를 부쳐 이르되 사도와 장로된 형제들은 안디옥과 수리아와 길리기아에 있는 이방인 형제들에게 문안하노라 <sup>24</sup>들은즉 우리 가운데서 어떤 사람들이 우리의 지시도 없이 나가서 말로 너희를 괴롭게 하고 마음을 혼란하게 한다 하기로 <sup>25-26</sup>사람을 택하여 우리 주 예수 그리스도의 이름을 위하여 생명을 아끼지 아니하는 자인 우리가 사랑하는 바나바와 바울과 함께 너희에게 보내기를 만장일치로 결정하였노라 <sup>27</sup>그리하여 유다와 실라를 보내니 그들도 이 일을 말로 전하리라 <sup>28</sup>성령과 우리는 이 요긴한 것들 외에는 아무 짐도 너희에게 지우지 아니하는 것이 옳은 줄 알았노니 <sup>29</sup>우상의 제물과 피와 목매어 죽인 것과 음행을 멀리할지니라 이에 스스로 삼가면 잘되리라 평안함을 원하노라 하였더라 <sup>30</sup>그들이 작별하고 안디옥에 내려가 무리를 모은 후에 편지를 전하니 <sup>31</sup>읽고 그 위로한 말을 기뻐하더라 <sup>32</sup>유다와 실라도 선지자라 여러 말로 형제를 권면하여 굳게 하고 <sup>33</sup>얼마 있다가 평안히 가라는 전송을 형제들에게 받고 자기를 보내던 사람들에게로 돌아가되 <sup>34</sup>(없음) <sup>35</sup>바울과 바나바는 안디옥에서 유하며 수다한 다른 사람들과 함께 주의 말씀을 가르치며 전파하니라*

편지는 복음을 잘못 이해했던 유대인 그리스도인들을 책망하는 것으로 시작되었습니다. 공회는 그들에게 그러한 임무를 승인한 적도 없고, 그들이 교회의 대변인도 아니라는 사실을 안디옥의 이방인 신자들이 알기를 원했습니다. 편지의 인사말에 그들에게서 영향을 받은 신자들을 향한 사랑과 관심이 표현되었습니다. 인사말로 미루어 보아 교회는 이방인 신자들을 지지했고, 그들은 그리스도 안에서 형제자매로 간주된 것이 분명했습니다. 예루살렘의 모든 지도자는 이방인 신자들을 혼란스럽게 한 일로 인해 근심했고, 오해를 바로잡기를 원했습니다. 지도자들은 그들이 전달한 결정이 성령님의 지혜와 인도하심에서 비롯되었으며, 이방인 신자들에게 네 가지 요구 사항 외에는 어떤 부담도 부여하지 않을 것을 명시했습니다.

첫째, 우상에게 제물로 바쳐진 음식을 먹어서는 안 됩니다.

둘째, 피가 아직 남아 있거나 피를 재료로 한 음식을 먹어서는 안 됩니다.

셋째, 목매어 죽인 것으로 만든 음식을 먹어서는 안 됩니다.

넷째, 음행을 멀리해야 합니다.

우리는 여기서 "왜 이 네 가지 관습을 지목했을까?"라는 질문을 제기할 수 있습니다.

이 네 가지는 레위기 17~18장에서 다루어진 바 있는데, 그때는 유대인들과 그들 중에 거하던 이방인들 모두에게 금지된 것들이었습니다. 야고보가 21절에서 모세의 율법이 매주 모든 회당에서 읽혔다고 언급한 이유는 그 때문일 가능성이 높습니다. 이방인들은 네 가지 금령에 놀라지 않았을 것이고, 유대인 신자들에게는 매우 뜻깊은 것이었습니다. 이방인 신자들이 네 가지 관습만 삼간다면, 자신들이 유대 신자들에게 짐이 되는 일을 막을 수 있고, 그리스도를 따르는 유대인과 이방인 사이에 건강한 교제를 확보할 수 있으며, 그리스도를 믿게 되는 다른 유대인들에게 짐을 지우지 않을 수 있었습니다.

예수 그리스도의 복음 안에는 자유가 있습니다. 그러나 그 자유는 우리가 원하는 것은 무엇이든 하도록 허락하는 자유가 아닙니다. 그리스도 안에서의 자유는 우리를 향한 하나님의 사랑과 은혜로 우리를 인도하고, 그 사랑과 은혜를 다른 사람들에게 확대하도록 강권합니다. 자유와 사랑은 늘 함께합니다.

**Q** 새 신자들에게 명확히 설명해 주어야 할 복음에 반대되는 오늘날의 문화적 관습들은 무엇인가요?

_____

_____

**Q** 다른 사람들을 사랑하기 때문에 포기했거나 포기해야 하는 자유는 무엇인가요?

_____

_____

# 결론

사도행전 15장에서 예루살렘 공회가 할례와 관련된 논쟁을 다룬 방법은 오늘날 교회에서 일어나는 논쟁들을 다루는 방법의 모범이 됩니다. 불일치의 문제가 일어나면, 적극적으로 성경과 하나님이 하신 일에 호소하며 해결해야 합니다. 그리고 문제가 해결된 후에는 그리스도 안에서의 자유와 사랑이 우리로 하여금 함께 살아갈 수 있도록 인도하게끔 해야 합니다.

그러나 예루살렘 공회는 이것보다 훨씬 더 큰 선물을 가져다주었습니다. 교회가 십자가에서 예수님이 성취하신 사역으로 인해 구원은 그리스도 한 분만으로도 충분함을 분명하고도 강력하게 단언하게 한 것입니다. 초대교회는 복음의 핵심 메시지를 보호했습니다. 오늘날도 하나님은 구원이 오직 그리스도를 믿음으로써만 가능하고, 그 밖의 추가적인 의무나 행위로 말미암지 않는다는 메시지를 계속 선포하라고 말씀하십니다.

> **핵심교리 99**    **73. 칭의와 행위**
>
> 칭의는 인간의 노력이나 선행의 결과로 얻어지는 것이 아닙니다. 그것은 그리스도의 은혜를 믿음으로 말미암아 그리스도의 의가 우리에게 주어지는 것입니다. 선행은 칭의를 받게 하는 수단은 아니지만, 칭의는 신자의 삶 속에서 선행을 믿음의 열매로 맺게 하는 원인이 됩니다. 왜냐하면 믿음으로 칭의를 받은 신자는 하나님께 감사를 드리지 않을 수가 없기 때문이며, 하나님께 드리는 감사는 바로 하나님의 말씀에 대한 순종이기 때문입니다(엡 2:10). 그러므로 행함이 없는 믿음은 죽은 것입니다(약 2:17). 선행은 우리의 믿음이 진실하다는 것을 증거해 주며 우리가 의롭다 함을 입은 사실을 분명하게 드러내 줍니다.

## 그리스도와의 연결

예루살렘 공회가 초대교회의 논쟁을 해결하기 위해 모였습니다. 논쟁의 요점은 구원받고 하나님의 가족 안에 포함되는 것이 그리스도를 믿음으로써 충분한지, 아니면 다른 요소가 필요한지에 관한 것이었습니다. 초대교회는 예수님을 믿는 것이 구원을 위해서 충분하다고 확정했습니다. 그들은 예수님이 십자가 사역을 완성하셨으므로 구원은 예수님을 믿는 것만으로도 충분하다고 생각했던 것입니다.

## 하나님의
## 계획
### 우리의 사명

하나님은 우리에게 구원이 오직 그리스도를 믿음으로써 가능하고,
그 밖의 추가적인 의무나 행위로는 말미암지 않는다는 메시지를
선포하라고 말씀하십니다.

1.  오직 그리스도를 믿음으로 말미암아 구원을 얻는다는 사실의 이해와 부딪히는 신념이
    나 전통이나 선행은 무엇입니까? 그것들에 어떻게 대처해야 할까요?

    _____

    _____

    _____

2.  우리 문화에서 성경의 진리를 견지하는 것이 이질적인 것으로 여겨지는 이유는 무
    엇일까요? 어떻게 하면 만물을 다스리는 성경의 권위를 거부감 없이 보여줄 수 있을
    까요?

    _____

    _____

    _____

3.  교회/공동체에서 성경의 자유와 사랑의 원리가 어떻게 실천되어야 할까요?

    _____

    _____

"오직 그리스도"에 관한 논쟁

*
금주의 성경 읽기
막 6~9장;
요 6장

# 다양한 사람들이 회심하다

 **신학적 주제**　하나님은 다양한 부류의 사람들과 만나기 위해 다양한 방법을 동원하십니다.

 **Session 10**

저는 공공장소에서 사람들을 자주 관찰하곤 했습니다. 스마트폰과 소셜미디어가 발달한 지금은 사람들을 관찰하는 일을 잃어버린 예술 정도로 생각할지도 모르지만, 그렇지 않습니다. 사람들을 관찰하는 일은 물리적인 영역에서 디지털 영역으로 이동했을 뿐 여전히 계속되고 있습니다. 스마트폰과 소셜미디어로 인해 오히려 사람들을 관찰하는 것이 더 쉬워졌습니다. 스마트폰으로 소셜미디어에 몰래 들어가 그 사람에 대해 속속들이 알 수 있을 뿐만 아니라, 어떤 애플리케이션은 누가 매 순간 어디에 있는지 알려 주기까지 합니다.

 사람들을 관찰했던 경험에 관해 이야기를 나누십시오. 관찰을 통해 그 사람을 얼마나 알 수 있습니까?

직접적으로든 온라인으로든 사람들을 관찰하면서 알게 되는 것은 세상

*Date*　　.　　.

에는 엄청나게 다양한 사람들이 존재하고, 그들 각자가 독특한 이야기를 가지고 있다는 것입니다. 모든 사람은 무엇인가를 소망하고, 그것에서 의미를 찾습니다.

사람들은 많은 점에서 다르지만, 사실 그 외의 면에서는 모두 완전히 동일합니다. 우리는 모두 하나님의 사랑을 받고 있으며, 예수 그리스도의 복음을 필요로 합니다.

**Q** 하나님과 멀어진 친구나 이웃이나 직장 동료가 있다면, 한두 명쯤 이름을 말해 보십시오. 그들은 무엇에 소망을 두었습니까? 그들은 구원과 삶의 목적이 무엇이라고 생각합니까?

이 세션에서는 독특한 방식으로 복음을 만나 변화했던 세 사람을 보게 될 것입니다. 이를 통해 하나님이 다양한 부류의 사람들과 만나기 위해 다양한 방법을 사용하신다는 사실을 깨닫게 될 것입니다. 일례로 빌립보에서 바울과 실라는 사람들에게 "주 예수를 믿으라 그리하면 너와 네 집이 구원을 받으리라"(행 16:31)라고만 전했음에도 불구하고, 그들의 증거와 증언을 통해 다양한 사회적·경제적 배경을 가진 사람들이 회심하는 것을 목격했습니다. 하나님은 우리에게 사람들의 외모나 과거나 현재 상황에 관계없이 모든 사람에게 복음 메시지를 신실하게 전하라고 말씀하십니다.

## 1. 옷감 장수 루디아가 복음에 마음을 열었습니다(행 16:11~15)

¹¹우리가 드로아에서 배로 떠나 사모드라게로 직행하여 이튿날 네압볼리로 가고 ¹²거기서 빌립보에 이르니 이는 마게도냐 지방의 첫 성이요 또

107

로마의 식민지라 이 성에서 수일을 유하다가 ¹³안식일에 우리가 기도할 곳이 있을까 하여 문 밖 강가에 나가 거기 앉아서 모인 여자들에게 말하는데 ¹⁴두아디라 시에 있는 자색 옷감 장사로서 하나님을 섬기는 루디아라 하는 한 여자가 말을 듣고 있을 때 주께서 그 마음을 열어 바울의 말을 따르게 하신지라 ¹⁵그와 그 집이 다 세례를 받고 우리에게 청하여 이르되 만일 나를 주 믿는 자로 알거든 내 집에 들어와 유하라 하고 강권하여 머물게 하니라

이 본문의 이전 구절들에서는 성령님이 제자들이 아시아에서 복음을 전하는 것과 심지어는 비두니아 지역에 들어가는 것을 막으시는 것을 보게 됩니다(행 16:6~7). 그러나 바울은 이내 한 마게도냐 사람이 그에게 와서 도와달라고 애원하는 환상을 봤습니다(9절). 이 환상 때문에 제자들은 항해했고, 마침내 마게도냐에 도달했습니다(10절). 하나님은 그들을 위한 계획을 가지고 계시며, 그분의 뜻을 성취하실 것입니다.

**Q** 사역이나 선교 여행을 계획했지만 반대에 부딪히는 바람에 완수하지 못했던 경험이 있습니까? 그 일을 되돌아보면서 그러한 상황으로 이끄신 하나님의 섭리를 발견할 수 있습니까?

---

마침내 마게도냐에 도착했을 때, 제자들이 하나님이 큰 권능으로 일하실 것을 기대했으리라고 짐작할 수 있습니다. 성령님이 그들의 길을 막으시어 바로 이 도시로 오게끔 환상을 주셨기 때문입니다! 그런데 며칠이 지나도록 도시에서 어떤 극적인 표적이나 능력이나 회심이 나타나지 않았습니다. 그때 한 무리의 여자들이 도시 밖 강가에 기도하기 위해 모였습니다. 바울과 제자들이 그들을 발견하고, 그들과 대화를 나누기 위해 자리에 앉았습니다.

그곳에서 제자들은 '루디아'라는 한 여인을 만났습니다. 하나님이 제자들을 마게도냐로 보내신 이유 중 하나는, 아니 어쩌면 유일한 이유는 바로 이 여인이 복음을 듣고 변화되게 하기 위해서였습니다. 그리고 이것은 연쇄 반응

을 일으켰습니다.

주님이 이 여성 사업가의 마음을 열어 주셨고, 그녀는 복음을 받아들였습니다. 그러자 그녀의 온 가족이 세례를 받았고, 그녀는 제자들을 집에 초대해 묵게 했습니다. 이것은 하나님의 섭리였습니다. 왜냐하면 바울과 실라가 투옥되고 풀려난 후 곧바로 루디아의 집으로 갔고, 도시를 떠나기 전에 거기서 믿음의 형제자매들을 만나 그들을 격려했기 때문입니다 (행 16:40).

> "회개하고 복음을 믿도록 은혜롭게 마음을 여는 분은 주님이십니다. 하나님은 권능이 많으시고, 하나님이 이 일을 하시기에 우리는 아직 믿지 않는 사람들을 위해 기도해야 합니다."[1]
> _저스틴 홀콤

옷감 장수 루디아는 복음을 듣고 떠나지 않았습니다. 오히려 하나님은 그녀로 하여금 제자들을 돌보게 하시고, 그들에게 복을 주셨습니다. 복음이 그녀의 마음을 사로잡았고, 그녀를 변화시켰습니다. 하나님은 아주 작은 것에도 관심을 가지시며, 한 사람 한 사람의 삶에 깊이 관여하십니다. 그러니 우리도 그렇게 해야 합니다.

**Q** '개인 사역'보다 '대중 사역'을 더 귀중하게 여기기 쉬운 이유는 무엇인가요?

---

**Q** 두 사역이 모두 중요한 이유는 무엇인가요?

---

## 2. 여종이 자유를 얻었습니다 (행 16:16~24)

16 우리가 기도하는 곳에 가다가 점치는 귀신 들린 여종 하나를 만나니 점으로 그 주인들에게 큰 이익을 주는 자라 17 그가 바울과 우리를 따라와 소리 질러 이르되 이 사람들은 지극히 높은 하나님의 종으로서 구원의 길을 너희에게 전하는 자라 하며 18 이같이 여러 날을 하는지라 바울이 심히 괴로워하여 돌이켜 그 귀신에게 이르되 예수 그리스도의 이름으로

내가 네게 명하노니 그에게서 나오라 하니 귀신이 즉시 나오니라 [19]여종의 주인들은 자기 수익의 소망이 끊어진 것을 보고 바울과 실라를 붙잡아 장터로 관리들에게 끌어갔다가 [20]상관들 앞에 데리고 가서 말하되 이 사람들이 유대인인데 우리 성을 심히 요란하게 하여 [21]로마 사람인 우리가 받지도 못하고 행하지도 못할 풍속을 전한다 하거늘 [22]무리가 일제히 일어나 고발하니 상관들이 옷을 찢어 벗기고 매로 치라 하여 [23]많이 친후에 옥에 가두고 간수에게 명하여 든든히 지키라 하니 [24]그가 이러한 명령을 받아 그들을 깊은 옥에 가두고 그 발을 차꼬에 든든히 채웠더니

바울은 예수님 안에서 그에게 주어진 권위를 행사해 귀신에게 여종을 떠나라고 명령했습니다. 귀신이 그녀를 떠나자 모두가 기뻐하며 즐거운 마음으로 집에 돌아갔을까요? 그렇지 않았습니다. 여종의 주인은 자유를 얻은 여종을 축하해 주기는커녕 그녀를 통해 얻었던 수익을 잃게 되어 화가 났습니다. 귀신과 함께 그들의 돈벌이도 사라진 것입니다. 그래서 여종의 주인들은 바울과 실라를 성의 관리들 앞으로 끌고 가 그들에 대한 몇 가지 혐의를 제기했습니다.

바울과 실라는 여종을 무시한 채 사역을 계속할 수도 있었지만, 그렇게 하지 않았습니다. 왜 그랬을까요?

귀신 들린 여종과 루디아는 흥미로운 대조를 이룹니다. 루디아는 아마도 상당한 재력을 갖춘 사업가였을 것입니다. 그녀는 하나님을 예배하는 데 헌신되어 있었고, 예수님에 관해서 듣기를 간절히 바랐을 것입니다. 바울이 복음을 들고 그녀의 삶에 들어서는 것은 쉬운 일이었을 것입니다.

> "그리스도인의 사역은 악마에게 손해를 입히지만, 그는 쉽게 항복하지 않을 것입니다."[2]
> _폴 무모 키사우

그와 반대로 여종은 가진 것이 아무것도 없었습니다. 자유마저 없었습니다. 그녀는 하나님을 예배하지도 않았고, 하나님을 찾고 있지도 않았을 것입니다. 이 여종은 공개적으로 큰 관심을 끌기는 했지만, 사람들에게 겁주어 가까이 오지 못하게 했을 것입니다.

이처럼 서로 완전히 다른 두 사람은 똑같은 것을 필요로 했습니다. 바로 예수님을 통한 구원이었습니다. 여종은 구원에서 아무도 제외시켜서는 안 된

다는 점과 상대방이 누구건 우리는 그의 필요를 채우기 위해서 하나님의 도구가 될 준비가 되어 있어야 한다는 점을 상기시켜 줍니다.

**Q** 오늘날 사람들은 흔히 어떤 식으로 종노릇합니까? 종에서 벗어나 자유롭게 된다는 것은 어떤 것입니까?

_____

_____

**Q** 어떻게 하면 그런 사람들에게 복음의 소망을 안겨 줄 수 있을까요?

_____

_____

예수님의 이름에는 능력이 있습니다! 예수님의 이름으로 악령들이 달아나고, 예수님의 이름으로 사람들이 자유를 경험합니다. 요한복음에서 예수님의 이름으로 기도할 때 가지게 되는 능력에 관해 읽을 수 있습니다.

"너희가 내 이름으로 무엇을 구하든지 내가 행하리니 이는 아버지로 하여금 아들로 말미암아 영광을 받으시게 하려 함이라 내 이름으로 무엇이든지 내게 구하면 내가 행하리라"(요 14:13~14).

귀신과 악령은 예수님의 지배를 받습니다. 그래서 우리는 주님의 이름으로 기도하고 사역합니다.

"칠십 인이 기뻐하며 돌아와 이르되 주여 주의 이름이면 귀신들도 우리에게 항복하더이다"(눅 10:17).

사도행전 4장에서도 이와 똑같은 위임과 권한을 발견할 수 있습니다.

"주여 이제도 그들의 위협함을 굽어보시옵고 또 종들로 하여금 담대히 하나님의 말씀을 전하게 하여 주시오며 손을 내밀어 병을 낫게 하시옵고 표적과 기사가 거룩한 종 예수의 이름으로 이루어지게 하옵소서 하더라"(행 4:29~30).

**Q** 종에서 놓여 자유를 얻어야 할 필요성과 죄 사이에는 어떤 연관성이 있습니까?

### 3. 간수가 희망을 되찾았습니다(행 16:25~34)

²⁵한밤중에 바울과 실라가 기도하고 하나님을 찬송하매 죄수들이 듣더라 ²⁶이에 갑자기 큰 지진이 나서 옥 터가 움직이고 문이 곧 다 열리며 모든 사람의 매인 것이 다 벗어진지라 ²⁷간수가 자다가 깨어 옥문들이 열린 것을 보고 죄수들이 도망한 줄 생각하고 칼을 빼어 자결하려 하거늘 ²⁸바울이 크게 소리 질러 이르되 네 몸을 상하지 말라 우리가 다 여기 있노라 하니 ²⁹간수가 등불을 달라고 하며 뛰어들어가 무서워 떨며 바울과 실라 앞에 엎드리고 ³⁰그들을 데리고 나가 이르되 선생들이여 내가 어떻게 하여야 구원을 받으리이까 하거늘 ³¹이르되 주 예수를 믿으라 그리하면 너와 네 집이 구원을 받으리라 하고 ³²주의 말씀을 그 사람과 그 집에 있는 모든 사람에게 전하더라 ³³그 밤 그 시각에 간수가 그들을 데려다가 그 맞은 자리를 씻어 주고 자기와 그 온 가족이 다 세례를 받은 후 ³⁴그들을 데리고 자기 집에 올라가서 음식을 차려 주고 그와 온 집안이 하나님을 믿으므로 크게 기뻐하니라

간수는 근무 중에 잠이 들었습니다. 잠에서 깬 그는 옥문들이 열린 것을 보고, 이제 자기 목숨은 끝났다고 생각했습니다. 그는 죄수들이 모두 도망쳤다고 생각했습니다. 로마의 간수들은 죄수들이 도망가게 내버려두면 처형당할 수도 있었습니다. 그러나 그는 몰랐지만, 아무도 도망치지 않고 모두 옥에 남아 있었습니다.

아무도 도망치지 않았다는 사실을 깨달은 간수는 마음에 변화가 일어났고, 하나님이 실재하신다는 사실과 바울과 실라가 그 하나님을 알고 있다는 사실을 깨달았습니다. 어쩌면 간수는 이전에 바울과 실라가 도시에서 설교하는 것을 들었을지도 모릅니다. 아니면 그들의 이타적인 삶과 기회가 주어졌는데도 도망치지 않는 모습을 봤기 때문일지도 모릅니다. 어쩌면 바울과 실라가 자기 생명을 귀중히 여겨 주었기 때문일 수도 있고, 아니면 찬송을 들으면서 잠들었기 때문일 수도 있습니다. 무엇이 그를 자극했든지 간에 하나님이 역사하셨던 것이 분명하고, 바울과 실라는 여기에 반응할 준비가 되어 있었습니다.

 **Q** 사람들이 자신을 스스로 해치지 못하도록 관심을 기울이고 보살펴 주는 방법은 무엇일까요?

---

간수는 바울과 실라에게 달려가 물었습니다. "내가 어떻게 하여야 구원을 받으리이까"(30절). 바울은 그 특유의 방식으로 간수에게 예수님을 믿을 것을 호소하고, 복음을 전해 주었습니다. 설교와 선포로 전해지는 복음은 강력합니다. 특히 복음이 어떤 사람의 삶에서 먼저 인격적으로 표출되고, 그러고 나서 지인에게 전해지고 선포되면 그 영향력은 기하급수적으로 증대됩니다.

이러한 일은 우리 주변에서 얼마든지 일어날 수 있습니다. 간수가 그랬듯이, 많은 사람이 그들을 절망하게 만드는 일을 겪거나 절망적인 소식을 접하곤 합니다. 우리는 복음의 소망을 가지고 나아갈 준비가 되어 있습니까? 어떤 사람들은 복음의 문을 여는 무엇인가를 듣거나 보거나 경험합니다. 우리는 하던 일을 잠시 멈추고, 그들에게 예수님을 전할 준비가 되어 있습니까?

> **핵심교리 99**
>
> **82. 신자의 새로운 정체성**
>
> 그리스도를 믿게 되면 정체성이 근본적으로 변합니다. 하나님의 진노 아래 있는 원수의 신분(엡 2:1~3)에서 하나님의 권속, 사랑받는 자녀의 신분(엡 2:19)으로 변화되는 것입니다. 그리스도를 믿는 자는 그리스도의 완전한 삶과 대속적 죽음, 부활에 근거해 의롭다고 선포됩니다. 그는 더 이상 죄의 종이 아니며, 과거의 실패들이나 현재의 분투로 규정되지 않습니다. 그는 흑암의 영역에서 건져냄을 받아 빛의 나라에 속하게 되었습니다(골 1:13). 누구든지 그리스도 안에 있으면 '새로운 피조물'입니다(고후 5:17). 새로운 피조물 안에서 이전의 죄 된 자아는 지나가고 새롭게 된 구원받은 자아가 살아서 성장하며 더욱더 그리스도를 닮아 갑니다.

다양한 사람들이 회심하다

**Q** 절망으로 힘들어하는 사람들을 알아보려면, 무엇을 준비해야 할까요?

**Q** 절망하는 사람들에게 복음을 전하려면, 무엇을 준비해야 할까요?

# 결론

우리는 주변 사람들과 언제든지 기꺼이 복음을 나눌 준비가 되어 있어야 합니다. 복음은 인간이 세운 민족적, 문화적, 사회적, 경제적, 정치적인 모든 장벽을 초월하니 우리의 사랑과 연민도 그래야 합니다. 그러니 잃어버린 가족, 친구, 직장 동료, 이웃과 관계를 맺으십시오. 그들 앞에서 복음대로 사십시오. 하나님이 그들에게 보내신 복음을 구체적으로 보여 주십시오. 바울이 설교한 복음 메시지를 그들과도 함께 나눌 기회를 달라고 기드하십시오. 이것은 우리 모두에게 필요한 메시지입니다.

"주 예수를 믿으라 그리하면 너와 네 집이 구원을 받으리라"(행 16:31).

## 그리스도와의 연결

복음은 다양한 사람들에게 다양한 방식으로 전해집니다. 바울과 실라는 빌립보에서 그들의 증언을 통해 다양한 사회적·경제적 배경을 가진 사람들이 회심하고 믿음으로 나오는 광경을 목격했습니다. 그들의 메시지는 모든 사람에게 일관됐습니다. "주 예수를 믿으라 그리하면 너와 네 집이 구원을 받으리라"(행 16:31).

Session 10

## 하나님의 계획
### 우리의 사명

하나님은 우리에게 다양한 방법을 동원해서 모든 부류의 사람에게 주님의 메시지를 충실하게 전달하라고 명하십니다.

1. 주님이 예수 그리스도의 복음에 반응할 수 있도록 마음을 열어 주신 사람을 발견하면, 어떻게 해야 할까요?

   _____

   _____

   _____

2. 어떻게 하면 교회/공동체가 하나님의 선교를 위해 박해 가운데서도 서로 준비시키며 격려할 수 있을까요?

   _____

   _____

   _____

3. 어떻게 하면 우리 자신이나 다른 사람들을 위해 비참한 상황에서도 소망을 갖도록 우리의 관점과 기대를 바꿀 수 있을까요?

   _____

   _____

   _____

다양한 사람들이 회심하다

*
금주의 성경 읽기
눅 10장;
요 7:1~11:54

# 우상 숭배적이면서도 흥미를 끄는 세상 문화

**신학적 주제** ▷ 복음은 다른 문화권의 사람들이 쉽게 이해할 수 있는 방식으로 제시되어야 합니다.

**Session 11**

　　　수년 전 아일랜드 벨파스트 출신의 작은 찬양 밴드는 하나님이 그들을 연간 천만 명이 넘는 방문객을 맞아들이는 태국의 한 도시로 부르시는 것을 느꼈습니다. 파타야는 세계적인 섹스 관광의 중심지로 알려져 있었습니다.[1] 이 도시는 악마의 손아귀에 사로잡혀서 감금된 생활을 하는 여성과 남성들로 가득했습니다.

　　　하나님의 섭리를 따라 어느 사창가에서 노래할 기회를 얻게 된 그들은 술집에 있던 사람들뿐만 아니라, 그 도시를 위해 복음송을 부르기 시작했습니다. 어두운 밤처럼 어두운 그 땅에서 하나님을 계속 찬양하는 동안 하나님의 빛이 흘러나왔고, 하나님이 그들 마음에 새로운 노래를 잉태케 하셨습니다. "주는 이 도시의 주"(God of this City)라는 곡인데, 들어본 적이 있을 것입니다. 그날 밤, 그들은 파타야를 위한 기도로 이 노래를 선포하며 불렀습니다.

　　　깨어진 세상을 바라보면, 어떤 마음이 듭니까? 도망치고 싶은 마음이 듭니까? 아니면 무슨 일이든 하고 싶은 충동이 일어납니까?

*Date* ．．

116

사도행전 17장에 따르면, 우리는 우리 문화에서 분리되면 안 되고, 우리가 수호하는 성경적인 세계관과 우리가 선포하는 복음 메시지에 따라 세상과 우리를 구별해야 합니다. 우리는 세상에 있지만, 세상에 속하지 않습니다(요 17:14, 16).

> "내가 만일 당신이 씨름하고 있는 모든 죄와 겪고 있는 모든 좌절과 심지어 당신이 잃어버린 삶의 목적까지도 모두 우상 숭배 탓이라고 말한다면, 어떻게 하겠습니까?"[2]
>
> _카일 아이들먼

**Q** 마음의 기도가 된 찬양이 있다면, 어떤 곡입니까? 그 이유는 무엇인가요?

_____

_____

**Q** 세상에 살면서도 세상에 속하지 않은 모습은 어떤 모습일까요?

_____

_____

바울이 아덴 사람들과 교류한 방법은 오늘날 우리와 비슷한 점이 많기에 주의 깊게 살펴볼 필요가 있습니다. 바울은 복음이 다양한 문화권의 사람들이 이해할 수 있는 방식으로 제시되어야 한다는 사실을 이해했습니다. 그 결과 그는 아덴 사람들과 논의할 때 성경적인 세계관과 헬라 문화 사이의 접촉점을 찾을 수 있었습니다. 그러고 난 뒤에 그는 첫 번째 아담에게서 열방이 비롯되었고, 두 번째 아담이신 예수 그리스도께서 열방을 심판하실 것이라고 선언했습니다. 바울의 메시지는 부활하신 예수님께 초점이 맞추어졌고, 회개를 향한 열렬한 호소를 담고 있었습니다. 바울처럼 우리도 우리 문화의 우상 숭배에 자극을 받아 담대하고 민감하게 복음을 선포해야 합니다.

우상 숭배적이며 적대적인 흥미를 끄는 세상 문화

## 1. 세상의 문화를 살펴보고, 우상 숭배를 슬퍼하십시오(행 17:16)

본문 이전 구절들을 보면, 바울은 데살로니가의 유대교 회당에서 복음을 전했습니다. 몇몇 유대인이 복음에 마음을 열었는데, 특히 하나님을 경외하던 헬라인들과 그 도시의 귀부인들이 큰 변화를 경험했습니다(행 17:4). 그 결과 도시의 많은 유대인이 "시기하여 저자의 어떤 불량한 사람들을 데리고 떼를 지어 성을 소동하게"(행 17:5) 했습니다.

이에 제자들은 바울과 실라를 베뢰아로 떠나보냈고, 그로 인해 그들은 그곳에 있는 유대인 회당에서 복음을 계속 나눌 수 있었습니다. 베뢰아에서는 "헬라의 귀부인과 남자"를 포함해 더 많은 사람이 복음을 듣고 받아들였습니다(12절). 그러나 데살로니가에서 말썽을 일으킨 유대인들이 베뢰아에 복음이 선포되고 있다는 소식을 듣고, 베뢰아까지 와서 소동을 일으켰습니다. 바울은 이러한 이유로 아덴으로 가게 되었습니다.

> *16바울이 아덴에서 그들을 기다리다가 그 성에 우상이 가득한 것을 보고 마음에 격분하여*

하나님이 우리로 하여금 다음 단계를 준비하게 하시는 방법은 놀랍습니다. 하나님은 데살로니가와 베뢰아에서의 사역을 통해 바울을 아덴의 헬라인들을 위해 사역하도록 준비시키고 계셨습니다. 그는 회당에서 유대인들에게 설교를 했는데, 복음을 통해 부드러운 마음을 갖게 되고 변화를 경험한 사람들은 하나님을 경외하던 헬라인들이었습니다.

**Q** 하나님이 다음 단계를 위해 당신을 준비시키거나, 다른 사람과 복음을 나누기 위해 당신의 과거를 사용하신 적이 있습니까? 그 결과는 어땠나요?

바울이 아덴에 도착했을 때의 상황은 이전 도시들과는 달랐습니다. 그는 우상을 숭배하는 도시들을 경험한 적이 있지만, 아덴은 차원이 달랐습니다. 그래서 바울은 "그 성에 우상이 가득한 것을 보고 마음에 격분"(16절)했습니다. 그는 아덴의 우상들이나 우상들의 수를 두려워하지 않았습니다. 그는 도시 안에 그토록 많은 우상이 있다는 사실로 인해 근심했습니다. 이것은 바울로 하여금 실라와 그의 일행이 도착하기를 기다리는 것을 멈추고, 회당과 장터에서 복음을 전하게 했습니다.

> "수많은 종교와 철학에서 사람들은 참된 것을 찾기 위해 엄청난 열정을 보입니다. 우리는 우리와 다르게 믿는 사람들과 대화할 준비가 되어 있어야 하고, 그들에게 진리에 관한 합리적이면서도 사려 깊은 설명을 제시해야 합니다."[3]
>
> _Africa Study Bible

 **Q** 우리 도시에는 어떤 우상들이 있습니까? 그리고 그 우상들은 우상에 종속된 노예들에게 어떤 파괴적인 영향을 끼치나요?

_____

_____

## 2. 선을 긍정하고, 악을 책망하며, 진리를 선포하십시오

(행 17:17~31)

[17]회당에서는 유대인과 경건한 사람들과 또 장터에서는 날마다 만나는 사람들과 변론하니 [18]어떤 에피쿠로스와 스토아 철학자들도 바울과 쟁론할새 어떤 사람은 이르되 이 말쟁이가 무슨 말을 하고자 하느냐 하고 어떤 사람은 이르되 이방 신들을 전하는 사람인가 보다 하니 이는 바울이 예수와 부활을 전하기 때문이러라 [19]그를 붙들어 아레오바고로 가며 말하기를 네가 말하는 이 새로운 가르침이 무엇인지 우리가 알 수 있겠느냐 [20]네가 어떤 이상한 것을 우리 귀에 들려 주니 그 무슨 뜻인지 알고자 하노라 하니 [21]모든 아덴 사람과 거기서 나그네 된 외국인들이 가장 새로운 것을 말하고 듣는 것 이외에는 달리 시간을 쓰지 않음이더라 [22]바울이 아레오바고 가운데 서서 말하되 아덴 사람들아 너희를 보니 범사에 종교심이 많도다 [23]내가 두루 다니며 너희가 위하는 것들을 보다가 알지

못하는 신에게라고 새긴 단도 보았으니 그런즉 너희가 알지 못하고 위하
는 그것을 내가 너희에게 알게 하리라

바울은 아덴 사람들과 논쟁할 때 유대교가 아니라 그들의 세계관과 그
들이 알고 있던 것에서 시작해, 점차 복음을 나눌 수 있는 기초를 다져 나갔습
니다.

자신의 메시지를 설명하기 위해서 아레오바고로 이동한 바울은 그가 목
격한 선을 긍정하면서 연설하기 시작했습니다. 그는 아덴 사람들이 많은 군중
앞에서 복음을 전할 기회를 주었기에, 그들이 진리를 찾고 탐구하려고 애쓰는
점을 칭찬했습니다. 그들은 심지어 바울의 새로운 가르침을 듣기 위해서 그에
게 중앙 무대를 내어 주었습니다. 바울은 아덴 사람들의 종교심과 인생은 '지
금 여기'에서의 삶 이상이라는 사실을 이해하고 있는 점을 칭찬했습니다.

바울은 그들이 한 번도 들어보지 못한 하나님을 소개하는 대신, 그들이
이미 그들의 믿음 체계에 무엇인가가 결여되어 있음을 알고 있다는 사실을 꼬
집었습니다. 그렇지 않다면 왜 "알지 못하는 신에게"(23절)라는 말을 단에 새겼
겠습니까?

**Q** 어떻게 하면, 복음을 나누는 예비 단계로서 우리 문화에서 발견되는 선을 긍정할 수
있을까요?

---

24우주와 그 가운데 있는 만물
을 지으신 하나님께서는 천지의
주재시니 손으로 지은 전에 계시
지 아니하시고 25또 무엇이 부족
한 것처럼 사람의 손으로 섬김을
받으시는 것이 아니니 이는 만민
에게 생명과 호흡과 만물을 친히
주시는 이심이라 26인류의 모든 족속을 한 혈통으로 만드사 온 땅에 살

게 하시고 그들의 연대를 정하시며 거주의 경계를 한정하셨으니 [27] 이는 사람으로 혹 하나님을 더듬어 찾아 발견하게 하려 하심이로되 그는 우리 각 사람에게서 멀리 계시지 아니하도다 [28] 우리가 그를 힘입어 살며 기동하며 존재하느니라 너희 시인 중 어떤 사람들의 말과 같이 우리가 그의 소생이라 하니 [29] 이와 같이 하나님의 소생이 되었은즉 하나님을 금이나 은이나 돌에다 사람의 기술과 고안으로 새긴 것들과 같이 여길 것이 아니니라

바울은 아덴 사람들에게 복음을 전하기 위해 나아갔습니다. 그는 먼저 사람의 손으로 만든 우상이 필요 없다는 사실을 나누었습니다. 자기 손으로 만들 수 있는 신을 섬기고 싶은 사람이 어디 있겠습니까? 이와 반대로 참되신 하나님은 억눌리실 수 없고, 사람들의 보살핌을 필요로 하지도 않으십니다. 그분은 자존하시며, 모든 피조물로부터 독립적이십니다. 그러나 인간을 포함한 모든 피조물은 그분에게 의존적입니다. 바꾸어 말하면, 바울은 성경이 말하는 하나님의 존재와 자족하심을 선언했던 것입니다.

이와 반대로 참된 신성은 거룩한 동시에 우리를 초월하며, 전지하고, 전능하며, 개인적이고 친밀합니다. 아덴 사람들은 이런 하나님을 경배하고 흠모하도록 지어졌습니다.

이 말은 21세기에 사는 우리에게도 해당됩니다. 상투적인 말로 들리겠지만, 우리 각자의 마음에는 하나님만 만족을 주시고 채워 주실 수 있는 공간이 있습니다. 세상은 성, 명성, 돈, 소유, 마약, 알코올 등 우리가 만든 우상들을 통해서 자기 공간을 스스로 메울 수 있다고 믿게 합니다.

**핵심교리 99**     **87. 전도**

모든 민족을 제자로 삼는 것은 모든 그리스도인과 모든 교회의 의무이자 특권입니다. 하나님의 성령으로 영이 거듭났다는 것은 다른 사람들을 사랑하는 사람으로 거듭났다는 뜻입니다. 따라서 모든 그리스도인이 행하는 선교적 노력은 거듭난 사람이 행하여야 하는 필수적인 영적 생활에 근거하며, 그리스도의 가르침 속에 분명히 그리고 반복적으로 나타나는 명령입니다. 그리스도인의 삶의 모습을 눈앞에 보여 주고 말로 증언함으로써, 잃어버린 자들을 그리스도께 인도하고자 끝없이 노력하는 것은 모든 하나님의 자녀에게 주어진 의무입니다.

그러나 이것들로는 절대로 해소할 수 없습니다. 이것들은 단지 현대의 사당에 불과합니다. 우리를 진정으로 만족하게 하실 분은 세상을 창조하고 보존하시는 살아계신 참 하나님이시지 우리가 만들어 낸 우상이 아닙니다.

> *30알지 못하던 시대에는 하나님이 간과하셨거니와 이제는 어디든지 사람에게 다 명하사 회개하라 하셨으니 31이는 정하신 사람으로 하여금 천하를 공의로 심판할 날을 작정하시고 이에 그를 죽은 자 가운데서 다시 살리신 것으로 모든 사람에게 믿을 만한 증거를 주셨음이니라 하니라*

하나님이 바울과 같은 선교사에게 복음 메시지를 전하도록 파송하실 때, 예수님의 부활은 열방으로 확장해 나가야 할 새로운 차원의 책임감을 부여합니다. 바울이 1세기에 설교했던 내용은 오늘날에도 동일합니다. 하나님 안에서의 참된 만족은 장차 공의로 세상을 심판하실 예수 그리스도를 믿고 회개함으로써 시작됩니다.

**Q** 회개에는 어떤 태도와 행동이 뒤따라야 할까요?

**Q** 회개의 삶은 세상에 복음의 능력을 어떻게 보여 줍니까?

## 3. 어떤 이는 비웃고, 어떤 이는 묻고, 어떤 이는 믿을 것입니다
### (행 17:32~34)

> *32그들이 죽은 자의 부활을 듣고 어떤 사람은 조롱도 하고 어떤 사람은 이 일에 대하여 네 말을 다시 듣겠다 하니 33이에 바울이 그들 가운데서 떠나매 34몇 사람이 그를 가까이하여 믿으니 그중에는 아레오바고 관리 디오누시오와 다마리라 하는 여자와 또 다른 사람들도 있었더라*

바울의 복음 메시지를 들은 아덴 사람들의 반응은 가지각색이었습니다. 오늘날 우리가 전하는 복음에 대해서도 세상 사람들의 반응은 다양할 것입니다. 그렇다면 우리는 어떻게 대응해야 할까요?

"그런즉 아볼로는 무엇이며 바울은 무엇이냐 그들은 주께서 각각 주신 대로 너희로 하여금 믿게 한 사역자들이니라 나는 심었고 아볼로는 물을 주었으되 오직 하나님께서 자라나게 하셨나니 그런즉 심는 이나 물 주는 이는 아무 것도 아니로되 오직 자라게 하시는 이는 하나님뿐이니라 심는 이와 물 주는 이는 한가지이나 각각 자기가 일한 대로 자기의 상을 받으리라 우리는 하나님의 동역자들이요 너희는 하나님의 밭이요 하나님의 집이니라"(고전 3:5~9).

복음을 거부하고 조롱하며 비웃는 사람들을 대하는 최선의 대응은 대화를 멈추고 그들을 위해 기도하는 것입니다. 하나님이 그들의 마음을 부드럽게 하여 복음의 진리를 듣게 하시며, 그들로 하여금 복음의 진리에 무릎 꿇게 해 주시기를 기도하십시오. 하나님이 그들의 마음을 여시고, 그들을 변화시키시도록 기도하십시오. 하나님이 그들의 삶에 그리스도를 따르는 신자들을 보내 주시어 그들이 그리스도의 몸의 수많은 지체로부터 그리스도의 사랑을 경험할 수 있게 해 달라고 기도하십시오.

사람들과 복음을 나누다 보면, 아덴 사람들처럼 토론을 이어 가고 계속 질문하기를 원하는 사람들을 만나게 될 것입니다. 그런 경우에는 설교나 독백에 빠지지 말고, 그들의 질문에 최선을 다해 답해 주십시오. 어떻게 답해야 할지 모르겠다면, 그들과 함께 탐구해 나가십시오. 이런 과정이 믿음의 여정의 하나가 되게 하십시오. 그러나 언제나 성경에서 시작하고, 성경으로 끝나는 여정이 되어야 합니다. 그러면 하나님의 진리가 길을 인도하시고, 대화를 이끌어 주실 것입니다.

마지막으로 여러분이 충실하고 지속적으로 사람들에게 복음을 전한다면, 여러분은 하나님이 많은 사람을 변화시키시는 것을 보게 될 것입니다. 그러면 그들을 처음부터 제자로 훈련받을 수 있는 지역 교회의 일부가 되게 하십시오. 여러분의 성경 공부

> "회심은 마음을 상하게 하는 일입니다. … 비탄한 심정입니다. 그러나 마음 상함 없이는 구원도 없습니다. 회심은 어떤 사람들이 생각하듯이 순조롭고 느긋한 과정이 아닙니다."[4]
>
> _존 번연

우상 숭배적이면서도 향미를 끄는 세상 문화

에 그들을 초대하고, 그들이 교회 생활에 참여할 수 있게 도와주며, 그들과 일대일로 만나십시오.

**Q** 복음에 대한 다양한 반응에 어떻게 대응했나요?

_____

**Q** 복음에 대한 다양한 반응에 적절하게 대응하기 위해 명심해야 할 인간의 본성에 관한 성경의 진리에는 어떤 것들이 있나요?

_____

## 결론

슬프게도 오늘날 복음이 무엇인지 알면서도 다른 사람들에게 복음을 전하는 일은 잘하지 못하는 그리스도인들이 많습니다. 복음은 단지 알고만 있는 것이 아니라 나누어야 하는 것입니다. 그러니 이웃에 있는 잃어버린 자들을 위해 기도하십시오. 그들을 만나고, 그들과 친분을 쌓으면서 말과 행동으로 그들에게 복음을 전할 기회를 찾으십시오. 바울처럼 비그리스도인들이 있는 그곳에서 그들을 만나되, 그들이 그곳에 계속 머물러 있게 내버려두지 마십시오. 몇 명이라도 믿을 수 있도록 설득력 있게 복음을 전하십시오.

### 그리스도와의 연결

바울은 아덴 사람들과 논의하면서 성경적인 세계관과 헬라 문화 사이의 유사점들을 발견했습니다. 그러고 나서 첫째 아담에게서 열방이 비롯되었고, 둘째 아담이신 예수 그리스도께서 열방을 심판하실 것이라고 선포했습니다. 바울의 메시지는 부활하신 예수님께 초점이 맞추어졌고, 회개를 향한 열렬한 호소를 담고 있었습니다.

**하나님의
계획**
우리의 사명

하나님은 우리가 우리 문화의 우상 숭배에 자극을 받아 하나님의
아들의 복음을 담대하고 민감하게 선포하도록 우리를 부르십니다.

1. 자기 주변 사람이 우상 숭배와 종노릇하는 것을 보고도 근심하지 않는 것은 어떤 마음
   상태를 보여 줍니까? 죄를 고백하며 회개하는 기도문을 작성해 보십시오.

   _____

   _____

   _____

2. 교회/공동체는 우상의 노예가 된 지역 사회 사람들을 위해 어떤 사역을 할 수 있을까요?

   _____

   _____

   _____

3. 세상은 복음의 어떤 측면을 보고 조롱하거나 거부할까요? 복음을 조롱하고 거부하는
   사람들에게 어떻게 대응하면 좋을까요?

   _____

   _____

   _____

우상 숭배적이면서도 흥미를 끄는 세상 문화

*
금주의 성경 읽기
눅 12:1~13:30;
14~15장

# 지금 있는 그 자리에서 선교하기

 **신학적 주제** 모든 하나님의 백성은 하나님이 있게 하신 그 자리에서 선교하도록 부름받았습니다.

**Session 12**

출장에서 돌아오는 비행기 안에서 저는 피곤함에 지쳐 있었습니다. 하루 종일 사람들과 대화했으니, 혼자 책을 읽으며 시간을 보낼 수 있기를 고대했습니다. 그런데 제 옆자리에 앉은 신사가 그 옆에 앉은 여인과 이야기꽃을 피우면서 제게도 자꾸 말을 걸어왔습니다. 그가 처음 제 옆구리를 쿡 찔렀을 때, 저는 귀에 이어폰을 꽂고 책을 펼친 채로 미소를 지으며 빙그레 웃어 주었습니다. 마침내 비행기가 착륙을 위해 하강하기 시작했습니다. 저는 때때로 이어진 방해에도 불구하고, '나만의 시간'을 충분히 누렸다고 생각했습니다. 저는 혹시나 옆자리에 앉은 남자가 여전히 대화하고 싶어 할까 봐 이어폰을 뺐습니다. 아니나 다를까 그는 대화하기를 원했습니다. 그 옆자리의 여인도 마찬가지였습니다.

그가 활짝 웃으며 제게 물었습니다. "도대체 무슨 책을 읽고 있었나요?" 저는 제 친구가 선교사의 영적 훈련에 관해 쓴 책을 읽고 있었는데, 그대로 말하면 놀랄 것 같아 영적 생활에 도움이 되는 책을 읽고 있었다고 답했습니다.

*Date* . .

그와 그녀 모두 관심을 보였습니다. 15분간 우리는 영성과 우상과 그리스도를 따르는 것의 의미에 관해 이야기꽃을 피웠습니다.

　　제가 옆에서 신나게 떠드는 두 사람을 무시하면서 '나만의 시간'을 갖는 동안, 사실 성령님이 제 옆구리를 몇 번이나 찌르시는 것을 느꼈습니다. 책을 내려놓고 그들과 대화하라고 하시는 것을 느꼈지만, 솔직히 그냥 그러고 싶지 않았습니다. '나만의 시간'을 충분히 가지고 나서야 마침내 성령님의 뜻에 동의하며 이어폰을 뺐던 것입니다.

 성령님이 누군가와 복음을 나누도록 이끄시는 것을 느껴 본 적이 있습니까? 그때 어떻게 반응했으며, 그 결과는 어땠나요?

_____

_____

　　하나님은 우리가 인생의 매 순간과 모든 만남을 복음을 전하고 교회를 굳게 세우는 기회로 삼기를 바라십니다. 복음을 나누는 일은 우리 일정에 부차적인 일이 아니고, 교회에서만 하는 일도 아닙니다. 복음을 나누는 일은 장을 보는 동안에도, 공원에서 달리는 동안에도, 비행기에 타고 있는 동안에도 할 수 있는 일입니다.

　　사도 바울은 2차 선교 여행과 3차 선교 여행에서 두 가지 일에 초점을 맞추었는데, 바로 '복음을 전하는 일'과 '교회를 굳게 세우는 일'이었습니다. 이 세션에서 우리는 바울의 사역을 통해 하나님의 일차적인 부

"성 어거스틴은 모든 사람이 본래 인류와 하나님 사이에 있었으나 타락 이후에 잃어버린 친밀감에 대한 아득한 추억에서 발견되는 참된 행복을 추구한다고 가르쳤습니다. 우리는 이 참된 행복과 선함을 끊임없이 찾습니다. 그리스도인들은 불가해한 호의적인 행위로 다른 사람들에게 선함을 맛보여 줌으로써 그들의 기억을 되살려서 선함 그 자체이신 하나님을 향한 갈망을 불러일으킬 수 있습니다."[1]

_그레이엄 탐린

지금 있는 그 자리에서 선교하기

르심은 우리의 직업과 무관하게 하나님의 선교를 담당하는 것이라는 사실을 보게 될 것입니다. 나아가 우리의 직업을 복음을 전하는 발판으로 삼는 방법과 주변 사람들을 지도하고 굳게 세우는 새로운 방법을 발견하게 될 것입니다. 이 두 가지에 초점을 맞춘다면, 다음 세대에 신실함의 유산을 남겨 줄 수 있을 것입니다.

## 1. 자기 직업을 복음을 선포하는 토대로 삼으십시오(행 18:1~4)

[1]그 후에 바울이 아덴을 떠나 고린도에 이르러 [2]아굴라라 하는 본도에서 난 유대인 한 사람을 만나니 글라우디오가 모든 유대인을 명하여 로마에서 떠나라 한 고로 그가 그 아내 브리스길라와 함께 이달리야로부터 새로 온지라 바울이 그들에게 가매 [3]생업이 같으므로 함께 살며 일을 하니 그 생업은 천막을 만드는 것이더라 [4]안식일마다 바울이 회당에서 강론하고 유대인과 헬라인을 권면하니라

바울은 세상에 복음을 널리 전하기 위해 아덴을 떠나 고린도로 향했습니다. 신약은 주로 바울의 가르침이나 설교나 제자 훈련이나 복음 전도에 관해 언급합니다. 그러나 간혹 바울의 다른 직업인 천막 만드는 일에 관해서도 언급합니다(참조, 행 18:3). 바울이 손으로 일해 자기 자신과 동료들의 필요를 충당했다고 말하는데(행 20:34), 이는 천막 만드는 일을 가리킵니다.

**Q** '후원받는 선교사'와 '자비량 선교사'의 장단점은 무엇일까요?

고린도에 도착한 바울은 하나님의 섭리를 따라 브리스길라와 아굴라를 만났습니다. 그들도 고린도에 처음 왔고, 그들 역시 천막을 만드는 사람들이었

Session 12

습니다. 이것은 우연의 일치가 아님이 분명합니다. 바울은 자신이 천막 만드는 사람이고 복음을 값없이 설교할 수 있다는 사실을 자랑스럽게 여겼지만, 궁극적으로 그에게 일용할 양식과 모든 필요를 공급하시는 분은 하나님이심을 알았습니다.

> "모든 신자는 전임 사역으로 부름받았습니다. 단지 하나님이 우리 급료를 다양한 수단을 통해 지급해 주시는 것뿐입니다."[2]
>
> _제프 밴더스텔트

신약을 읽을 때 대부분의 사람들은 바울이 쓴 글과 여정을 보면서 그가 전임 설교자나 전임 전도자였을 것으로 생각합니다. 그러나 그는 천막을 만드는 사람이었고, 천막을 만들어 번 돈으로 생계를 꾸려 나갔습니다. 이것은 패시브 인컴(passive income, 소극적 소득)이나, 신탁 기금이나, 기부금으로 살아가는 경우가 아닙니다. 바울은 자기 일을 열심히 하면서 전 생애를 복음 선포를 위해 헌신했습니다.

**Q** 어떻게 하면 자기 직업을 복음 전파를 위한 토대로 쓸 수 있을까요?

_____

_____

_____

## 2. 멘토가 되어 주변 사람들에게 힘을 주십시오(행 18:24~28)

우리는 모든 것을 경쟁으로 여기기 쉽습니다. 슈퍼마켓에서 다른 아줌마보다 먼저 물건을 사려고 앞다투어 줄을 서거나, 뒷좌석에 마네킹을 앉혀서 다인승 차량 전용 차선으로 가려고 하기도 합니다. 대부분의 사람들은 쉴 새 없이 이런 욕구를 느끼며 승리에 목말라합니다. 불행히도 우리는 이기기 위해서는 다른 사람들을 짓밟아야 한다는 사실 또한 압니다. 그래서 "금메달은 하나뿐이니 은메달리스트는 패배자야"라는 말을 하기도 합니다. 그러나 항상 그런 경우만 있는 것은 아닙니다. 사실 다른 사람들이 이기게 도와줌으로써 이길 수도 있습니다.

²⁴알렉산드리아에서 난 아볼로라 하는 유대인이 에베소에 이르니 이 사람은 언변이 좋고 성경에 능통한 자라 ²⁵그가 일찍이 주의 도를 배워 열심으로 예수에 관한 것을 자세히 말하며 가르치나 요한의 세례만 알 따름이라 ²⁶그가 회당에서 담대히 말하기 시작하거늘 브리스길라와 아굴라가 듣고 데려다가 하나님의 도를 더 정확하게 풀어 이르더라 ²⁷아볼로가 아가야로 건너가고자 함으로 형제들이 그를 격려하며 제자들에게 편지를 써 영접하라 하였더니 그가 가매 은혜로 말미암아 믿은 자들에게 많은 유익을 주니 ²⁸이는 성경으로써 예수는 그리스도라고 증언하여 공중 앞에서 힘있게 유대인의 말을 이김이러라

브리스길라와 아굴라는 아볼로를 경쟁자로 여기는 대신 주님 안에서 형제이자 복음의 동역자로 여겼습니다. 그래서 그들은 아볼로가 '승리하게' 도왔습니다. 아볼로는 요한의 세례밖에 몰랐음에도 성경을 가지고 예수 그리스도를 강력하게 설교했습니다. 이런 그에게 그보다 많은 지식을 가진 신자들이 "하나님의 도를 더 정확하게 풀어"서 가르쳐 준다면, 그가 얼마나 더 탁월하게 복음을 전할 수 있겠습니까?

아볼로는 이러한 단점들에도 불구하고, 그리스도를 다른 사람들에게 전하는 것을 인생의 최우선 순위로 여겼습니다. 그것과 비교하면, 나머지 일들은 전혀 중요하지 않았습니다.

 **아볼로의 이야기는 다른 사람들에게 복음을 전할 준비가 되어 있지 않다고 핑계를 대는 우리에게 어떤 도전이 됩니까?**

이것은 두 가지 측면에서 우리에게 격려가 됩니다.

첫째, 주님은 사람들의 과거나 지식과는 무관하게 누구든지 사용하실 수 있다는 점을 명심하십시오. 하나님은 신실하고 겸손하며, 주님의 뜻이라면 언제 어디서든 무슨 일이든 할 준비가 되어 있는 사람을 찾으십니다. 예수님의

제자들이나 본문의 아볼로에게서 이런 자세를 찾아볼 수 있습니다.

둘째, 멘토가 되어 주변 사람들에게 힘이 되어 줄 방법을 찾으십시오. 다른 사람들의 삶에 무언가를 부어 줄 때, 재미있는 일이 일어납니다. 자신이 성장하는 모습을 보게 된다는 뜻입니다. 우리는 다른 사람을 제자로 삼으려면 먼저 어느 정도까지는 성숙해야 하고, 많은 성경 구절을 암송할 수 있어야 하며, 까다로운 논쟁에서 반박할 수 있어야 한다고 생각하곤 합니다. 하지만 이것은 결단코 사실이 아닙니다.

> **핵심교리 99**
>
> **86. 제자도**
>
> '제자도'는 예수님을 따를 때, 형식적이든 일상적이든 영적 성숙을 가져오는 과정을 가리킵니다. 일상적인 제자도는 신명기 6장 4~9절에 언급된 것처럼 삶의 모든 영역에서 일어납니다. 신앙이 성숙하고 그리스도와의 동행이 깊어질수록 제자도는 마음의 변화뿐 아니라 온 삶의 변화를 요구합니다. 반면, 형식적인 제자도는 일정 기간의 훈련을 가리킵니다. 우리는 말과 행동을 통해 제자를 삼습니다. 하나님의 말씀을 말로 가르치고, 행동으로 삶의 모범을 보여야 합니다(행 20:17~24).

우리는 다른 사람들이 다음 단계로 나아갈 수 있도록 도와주어야 합니다. 다른 사람들이 그리스도와 더욱 깊은 관계로 들어가도록 인도하고, 지상명령을 실천할 수 있도록 도와주십시오. 주님이 어떤 사람을 생각나게 하시면, 일대일로든 성경 공부 모임에서든 그를 도울 수 있습니다. 어쩌면 이 세션 자체가 용기를 내어 성경 공부를 인도해 보라는 하나님의 부르심일지도 모릅니다. 그들이 주님께 가까이 다가갈 수 있도록 도울 때, 하나님이 앞서 필요한 것들을 준비해 주실 것을 신뢰하십시오.

**Q** 어떻게 하면 소그룹의 제자 훈련에 겸손히 참여할 수 있을까요?

_____

_____

**Q** 멘토나 그리스도인 동료에게서 격려를 받고 유익을 얻은 적이 있나요?

_____

_____

## 3. 다음 세대에 신실함의 유산을 남기십시오(행 20:17~38)

¹⁷바울이 밀레도에서 사람을 에베소로 보내어 교회 장로들을 청하니 ¹⁸오매 그들에게 말하되 아시아에 들어온 첫날부터 지금까지 내가 항상 여러분 가운데서 어떻게 행하였는지를 여러분도 아는 바니 ¹⁹곧 모든 겸손과 눈물이며 유대인의 간계로 말미암아 당한 시험을 참고 주를 섬긴 것과 ²⁰유익한 것은 무엇이든지 공중 앞에서나 각 집에서나 거리낌이 없이 여러분에게 전하여 가르치고 ²¹유대인과 헬라인들에게 하나님께 대한 회개와 우리 주 예수 그리스도께 대한 믿음을 증언한 것이라 ²²보라 이제 나는 성령에 매여 예루살렘으로 가는데 거기서 무슨 일을 당할는지 알지 못하노라 ²³오직 성령이 각 성에서 내게 증언하여 결박과 환난이 나를 기다린다 하시나 ²⁴내가 달려갈 길과 주 예수께 받은 사명 곧 하나님의 은혜의 복음을 증언하는 일을 마치려 함에는 나의 생명조차 조금도 귀한 것으로 여기지 아니하노라 ²⁵보라 내가 여러분 중에 왕래하며 하나님의 나라를 전파하였으나 이제는 여러분이 다 내 얼굴을 다시 보지 못할 줄 아노라 ²⁶그러므로 오늘 여러분에게 증언하거니와 모든 사람의 피에 대하여 내가 깨끗하니 ²⁷이는 내가 꺼리지 않고 하나님의 뜻을 다 여러분에게 전하였음이라 ²⁸여러분은 자기를 위하여 또는 온 양 떼를 위하여 삼가라 성령이 그들 가운데 여러분을 감독자로 삼고 하나님이 자기 피로 사신 교회를 보살피게 하셨느니라 ²⁹내가 떠난 후에 사나운 이리가 여러분에게 들어와서 그 양 떼를 아끼지 아니하며 ³⁰또한 여러분 중에서도 제자들을 끌어 자기를 따르게 하려고 어그러진 말을 하는 사람들이 일어날 줄을 내가 아노라 ³¹그러므로 여러분이 일깨어 내가 삼 년이나 밤낮 쉬지 않고 눈물로 각 사람을 훈계하던 것을 기억하라 ³²지금 내가 여러분을 주와 및 그 은혜의 말씀에 부탁하노니 그 말씀이 여러분을 능히 든든히 세우사 거룩하게 하심을 입은 모든 자 가운데 기업이 있게 하시리라 ³³내가 아무의 은이나 금이나 의복을 탐하지 아니하였고 ³⁴여러분이 아는 바와 같이 이 손으로 나와 내 동행들이 쓰는 것을 충당하여 ³⁵범사에 여러분에게 모본을 보여준 바와 같이 수고하여 약한 사람들을

돕고 또 주 예수께서 친히 말씀하신 바 주는 것이 받는 것보다 복이 있다 하심을 기억하여야 할지니라 [36] 이 말을 한 후 무릎을 꿇고 그 모든 사람들과 함께 기도하니 [37] 다 크게 울며 바울의 목을 안고 입을 맞추고 [38] 다시 그 얼굴을 보지 못하리라 한 말로 말미암아 더욱 근심하고 배에까지 그를 전송하니라

**Q** 에베소 교회 장로들을 향한 바울의 메시지 중 어떤 부분이 예수님의 사명에 신실해야 겠다는 도전을 줍니까? 그 이유는 무엇인가요?

가족이나 친구나 직장 동료와 나누었던 대화를 떠올려 보십시오. 함께 생활하거나 함께 즐기거나 함께 일하는 사람들에게 복음을 전할 수 있는 모든 기회를 다 활용하셨나요? 저는 그렇게 하지 못했습니다. 주님을 향한 헌신과 다른 사람들의 영적인 안녕을 위한 관심에서 우리로 하여금 뒷걸음질치게 만드는 것은 무엇입니까?

> "복음은 두 가지를 가르칩니다. 마음과 삶의 회개인 죄의 뉘우침과 그리스도 예수의 죽으심에 근거해 용기를 불러일으키는 믿음입니다. 실로 이 두 가지는 유대인뿐 아니라 모든 이방인에게도 선포되어야 합니다." [3]
> _하인리히 불링거

어쩌면 우리는 다른 일에 더 큰 가치를 두고 있는지도 모릅니다. 그러나 바울은 예수님에게서 받은 복음 사역을 완수하는 데 가치를 두었고, 그 목적을 달성하기 위해 자기 목숨을 바칠 준비가 되어 있었습니다(24절). 바울에게는 복음을 전하는 일과 예수님보다 더 중요한 것은 없었습니다.

이제 솔직해집시다. 우리는 대부분 이런 종류의 부끄러움 없는 삶을 살기에는 안락이나 쾌락이나 특권을 너무 좋아합니다. 우리는 십일조를 드리고, 교회에서 섬기며, 부활절에 이웃들에게 초대장을 보내면서 스스로 "다른 사람들보다는 잘하잖아!"라고 말합니다. 그러나 그렇지 않습니다. 그리스도인의 삶은 이웃에 견주어 판단할 수 없습니다. 그리스도인의 삶은 성경에 견주어 들여다봐야 합니다.

**Q** 어떻게 하면 집에서나 직장에서 신실함의 유산을 남길 수 있을까요?

_____

_____

**Q** 주님과 주님의 복음 사명에 전적으로 헌신하는 삶을 살기 위해서는 어떤 반대와 어려움을 견뎌 내야 할까요?

_____

_____

# 결론

우리의 기본 소명은 가족이나 직업이 아닙니다. 외국 한복판에서 사람들을 그리스도에게로 인도하는 선교사나, 학교에서 청소하며 학생들을 위해 기도하는 환경미화원이나, 시골 오지에서 설교하는 목사나, 직업을 통해 하나님 나라를 세워 가고자 애쓰는 직장인이나 모두 기본 소명은 같습니다. 그리스도인의 기본 소명은 하나님으로부터 멀어진 사람들에게 복음을 선포하고, 주위 사람들에게 힘을 줌으로써 하나님의 선교에 참여하는 것입니다. 이 소명에 믿음으로 응답해서 구원자이자 주님이신 예수님의 좋은 소식을 나눕시다.

### 그리스도와의 연결

사도 바울은 2차 선교 여행과 3차 선교 여행에서 자신이 처한 모든 상황을 복음을 전하고, 교회를 굳게 세우는 기회로 삼았습니다. 바울의 삶에는 진리를 말하고, 약자를 도우며, 예배의 행위로서 후히 베풀라고 가르치셨던 예수님의 사랑과 은혜가 반영되어 있습니다. 바울의 인내심은 그를 부르신 예수 그리스도의 지극히 높으신 가치에 대한 증거입니다.

**하나님의
계획**
우리의 사명

하나님은 우리에게 세속적인 환경을 복음을 전하고 교회를 굳게
세우는 기회로 삼으라고 명하십니다.

1.　어떻게 하면 자기 직업으로 세계 복음화를 도울 수 있을까요?

_____
_____
_____

2.　신앙 안에서 멘토가 될 수 있도록 하나님이 누군가를 보내 주신 적이 있습니까? 이와
같은 관계는 어떻게 만들어 갈 수 있을까요?

_____
_____
_____

3.　어떻게 하면 교회/공동체가 세상에 예수 그리스도의 이름으로 신실함의 유산을 남길
수 있을까요?

_____
_____
_____

지금 있는 그 자리에서 선교하기

*
금주의 성경 읽기
마 19~20장;
막 10장;
눅 16:1~19:27

appendix

# 신약성경에 나타난 구약성경의 말씀

| | |
|---|---|
| **하나님**<br>하나님께 모든 무릎이 꿇고 모든 혀가 맹세할 것임 (사 45:22~23) | **예수님**<br>모든 무릎이 예수님 이름에 꿇고, 모든 입이 예수 그리스도를 주라 시인할 것임(빌 2:9~11) |
| **바벨탑**<br>하나님이 인류를 다양한 언어로 혼잡하게 하심 (창 11:1~9) | **오순절**<br>성령 충만으로 언어의 장벽을 극복함(행 2:1~13) |
| **성령님에 대한 약속**<br>하나님이 그분의 영을 온 인류에게 부어 주실 것임 (욜 2:28~32) | **성령님의 강림**<br>성령님의 약속이 성취됨(행 2:14~21) |
| **메시아에 대한 반대**<br>민족들이 여호와의 기름 부음 받은 자를 헛되이 대적함(시 2편) | **교회에 대한 반대**<br>메시아의 백성이 담대함을 위해서 기도함 (행 4:23~31) |
| **모세와 같은 선지자**<br>하나님이 그분의 말씀의 선지자를 일으키실 것을 약속하심(신 18:15~19) | **예수님**<br>사람들을 악한 길에서 돌이키시기 위해 하나님이 세우신 선지자이심(행 3:19~26) |
| **아간과 그의 가족**<br>하나님의 말씀에 불순종함으로 인해 돌에 맞아 죽음(수 7장) | **아나니아와 삽비라**<br>성령님을 속이고 하나님께 거짓말함으로 인해 바로 죽게 됨(행 5:1~11) |
| **고난받는 종**<br>백성을 위해 도수장으로 끌려가는 어린양과 같음 (사 53:7~8) | **예수님**<br>우리 죄의 대속을 위한 하나님의 희생양이심 (행 8:30~35) |
| **주님**<br>그분의 이름을 위해서 이스라엘 백성과 이방에게 선지자들을 보내심(렘 1장; 겔 2장) | **예수님**<br>그분의 이름을 이방인들과 임금들과 이스라엘 자손들에게 전하기 위해서 사울을 부르심 (행 9장; 22장; 25장) |
| **주의 종**<br>이방의 빛이자, 땅끝을 위한 구원자임(사 49:6) | **바울과 바나바**<br>주의 종인 예수님의 사역을 확장함(행 13:47) |
| **다윗의 집**<br>하나님의 이름으로 일컫는 만국이 포함될 것임 (암 9:11~12) | **교회**<br>예수님의 이름으로 일컬음 받는 이방인들이 포함됨 (행 15:14~19) |
| **아담**<br>온 인류의 조상으로서 하나님이 처음 지으신 인간임(창 1~2장) | **바울의 연결**<br>우상 숭배자는 참된 한 분 하나님께 예배를 드려야 함(행 17:24~29) |

# 초대교회의 나눔

| 나눔 행위 | 결과 | 성령님의 인도를 따른 나눔의 특징 |
|---|---|---|
| 신자들이 모든 물건을 통용했기 때문에 재산과 소유를 팔아서 번 수입을 필요한 사람들에게 나누어 줌 (행 2:44~45; 4:32) | 그들 중에 궁핍한 사람이 없었고, 각자 기본적인 필요를 충족함 (행 4:34~35) | 예수님이 사랑으로 우리를 위해서 그분의 생명을 내려놓으셨기 때문에, 우리도 그리스도 안에서 형제자매를 위해서 우리의 생명을 내려놓으며 그들의 필요를 돌봄 (요일 3:16~17) |
| 베드로와 요한은 은과 금은 없었지만, 걷지 못하는 이를 예수 그리스도의 이름으로 치유함으로써 그들이 가진 것을 나누어 줌(행 3:1~7) | 걷지 못하는 이는 벌떡 일어서서 걷고 뛰고 하나님을 찬송하면서 성전에 들어갔고, 이 사건은 베드로가 모여든 군중에게 그리스도를 설교할 수 있는 기회를 줌(행 3:8~26) | 무엇을 하든지 말에나 일에나 다 주 예수님의 이름으로 하고 그분께 힘입어 하나님 아버지께 감사함 (골 3:17) |
| '바나바'로도 불리는 요셉이 그의 밭을 팔아 그 값을 사도들의 발 앞에 둠 (행 4:36~37) | 바나바는 초대교회와 사도행전의 독자들에게 성령님의 인도를 따른 나눔의 모범을 보여 줌 | 하나님은 즐겨 내는 자를 사랑하시기 때문에 각자 마음에 정한 대로 드리고, 인색하거나 억지로 드리지 않음 (고후 9:7) |
| 아나니아와 삽비라는 땅을 팔아 번 수입 일부를 몰래 숨긴 채, 마치 수입 전체인 양 사도들의 발 앞에 둠 (행 5:1~2) | 그들은 성령님을 속이고 하나님께 거짓말함으로 인해 바로 죽게 됨. 이 사건을 들은 온 교회와 모든 사람들은 크게 두려워함 (행 5:3~11) | 우리는 말과 혀로만이 아니라 행함과 진실함으로 사랑함 (요일 3:18) |
| 베드로와 요한이 사마리아 신자들에게 안수하자 성령님이 임하시는 모습을 본 사마리아인 시몬이 자기에게도 이 능력을 달라며 돈을 바침 (행 8:18~19) | 베드로가 하나님의 선물은 돈으로 살 수 없다고 시몬을 책망한 후, 그의 악함을 회개하고 주님께 용서해 달라고 기도할 것을 요청함 (행 8:20~24) | 구원과 성령님은 하나님의 선물로서 사거나 팔 수 없음. 거저 받았으니 거저 줌(마 10:8; 고전 2:12) |
| 아가보의 예언대로 흉년이 들자 안디옥의 유대인과 이방인 신자들이 각자의 능력을 따라 유대의 형제자매에게 부조를 보냄(행 11:27~29) | 바나바와 사울(바울)이 선물을 가지고 안디옥에서 예루살렘 교회의 장로들에게 파송됨으로써 지리 및 민족적 경계를 초월하는 교회의 연합이 강조됨(행 11:30) | 우리의 나눔은 하나님이 영광받으시고 교회가 연합할 수 있도록 그리스도에 대한 우리의 믿음을 입증함 (고후 9:12~14) |
| 루디아와 빌립보 간수 각각은 주님을 믿게 되자, 바울과 실라를 돌보고, 그들의 필요를 제공하기 위해서 그들을 집으로 초대함(행 16:13~15, 25~34) | 루디아의 집은 빌립보 교회의 모임 장소가 된 것으로 보임(행 16:40) | 성도들의 쓸 것을 공급하며 손 대접하기를 힘씀(롬 12:13) |
| 바울은 천막 제조를 통해서 자신과 동료 선교사들의 필요를 채우고, 복음을 나눌 때 자신이 짐이 되는 것을 방지함(행 18:1~4; 20:33~34) | 바울은 우리 자신의 수고로 약한 자들을 도와주어야 한다는 것을 입증하고, "주는 것이 받는 것보다 복이 있다"는 예수님의 말씀을 실천함 (행 20:35) | 가난한 자에게 구제할 수 있도록 자기 손으로 수고해 선한 일을 함. 외인에 대해 단정히 행하고 아무 궁핍함이 없게 하기 위해 일하기를 힘씀 (엡 4:28; 살전 4:11~12) |

부록
2

# 초대교회의 박해

| 사역 | 대적자들의 반응 | 박해의 형태 | 결과 |
|---|---|---|---|
| 베드로가 요한과 더불어 걷지 못하는 이를 치유한 후, 모여든 군중에게 예수님의 이름으로 설교함(행 3:1~26) | 베드로와 요한이 예수님 안에 죽은 자의 부활이 있다고 백성들에게 가르치고 선포했다고 유대인 지도자들이 분노함 (행 4:1~2) | 베드로와 요한은 산헤드린에 의해 체포되었고, 다시는 예수님의 이름으로 말하지 말라는 위협을 당함(행 4:3~22) | 그들은 이 사건을 동료들에게 보고했고, 저항 가운데 담대함을 달라고 한마음으로 기도드리자, 주님은 성령님을 통해서 기도에 응답하심(행 4:23~31) |
| 사도들에 의해 환자와 더러운 귀신 들린 자들이 치유됨 (행 5:12~16) | 대제사장과 사두개인들이 질투로 가득 참(행 5:17) | 사도들이 체포되어 산헤드린에게 심판받고 채찍질 당한 후, 예수님의 이름으로 말하지 말라는 명령을 받음(행 5:18~40) | 사도들은 그들이 예수님의 이름을 위해 고난받기에 합당하게 여겨진 것을 기뻐하면서, 예수님에 대한 좋은 소식을 계속 전함(행 5:41~42) |
| 스데반이 민간 중에 큰 기사와 표적을 행했고, 성령님의 지혜로 말함(행 6:8~10; 7:1~53) | 소위 자유민들 회당의 일부 유대인들이 스데반을 대적하고 그와 논쟁함(행 6:9) | 스데반이 성전을 신성 모독했다는 거짓 기소를 당하고(행 6:11~14; 참조, 마 26:59~61), 도시 밖으로 끌려가서 돌에 맞아 죽음(행 7:57~60; 참조, 눅 23:32~33) | 스데반은 예수님께 그의 영을 받아달라고 간구하고(행 7:59; 참조, 눅 23:46), 자신을 돌에 쳐 죽인 사람들을 용서해 달라는 기도를 드림(행 7:60; 참조, 눅 23:34). 교회에 대한 박해가 일어나 신자들은 온 세상에 흩어지고 예수님에 대한 말씀을 전함(행 8:1, 4; 11:19~20) |
| 사울이 교회를 박해한 것은 교회의 머리이신 예수 그리스도를 박해한 것임. 예수님은 그분의 이름을 이방인들과 임금들과 이스라엘 자손들에게 전하기 위한 그릇으로 사울을 택하시고, 그가 이제 예수님의 이름으로 인해 고난받도록 그를 부르심(행 9:1~19) | | | |
| | | 헤롯 왕이 교회 구성원들을 맹렬히 공격하고, 요한의 형제인 야고보를 칼로 처형함. 베드로를 체포해서 그도 처형하려고 시도함(행 12:1~5) | 베드로가 천사의 도움으로 옥에서 구출됨(행 12:6~19) |
| 바울과 바나바가 비시디아 안디옥에서 유대인들과 이방인들에게 복음을 전함(행 13:13~44) | 유대인들이 이방인들에게 전해지는 복음 때문에 시기로 가득 차서 복음을 거부함(행 13:45~47) | 유대인들이 바울과 바나바에 대한 박해를 일으키고, 그들을 그 지역에서 몰아냄(행 13:50) | 바울과 바나바는 유대인들을 향해 발의 티끌을 떨어 버린 후 다른 곳으로 설교하러 떠나고, 남겨진 제자들은 성령님이 주신 기쁨으로 충만함(행 13:51~52) |
| 바나바와 함께 바울이 루스드라에서 걷지 못하는 이를 치유하고 복음을 전함(행 14:8~10) | 유대인들이 비시디아 안디옥과 이고니온에서 와서 바울과 바나바를 대적하도록 군중의 마음을 사로잡음(행 14:19) | 돌에 맞아 죽은 것으로 간주된 바울이 도시 밖으로 끌려 나옴(행 14:19) | 기적적으로 회복된 바울이 다시 도시 안으로 들어가고, 이튿날 더베로 떠남(행 14:20) |
| 실라와 함께 바울이 예수님의 이름으로 귀신 들린 여종을 자유롭게 함(행 16:16~18) | 여종의 주인들이 그녀의 예언을 통한 수익의 소망이 끊어진 것을 깨달음(행 16:19) | 바울과 실라가 체포되고, 심한 매질을 당한 후, 발이 차꼬에 채워져 감금됨(행 16:19~24) | 그들은 지진으로 풀려나기 전 옥에서 하나님께 기도와 찬송을 드린 후 간수에게 복음을 전했는데, 간수와 그의 온 집이 믿음(행 16:25~34) |
| 바울이 1차 선교 여행에서 제자들에게 "우리가 하나님의 나라에 들어가려면 많은 환난을 겪어야 할 것이라"(행 14:22)라고 말하면서 그들을 격려함. 이는 예수님이 제자들에게 하셨던 "세상에서는 너희가 환난을 당하나 담대하라 내가 세상을 이기었노라"(요 16:33)라는 말씀을 반복한 것임 | | | |

# 초대교회의 선교

사도행전은 두 개의 중요하고 서로 관련된 약속들로 시작합니다.

첫째, 예수님은 성령님이 오셔서 제자들에게 능력을 주실 것이라고 말씀하셨습니다. 둘째, 이 능력은 제자들이 예루살렘과 온 유대와 사마리아와 땅끝까지 이르러 예수님의 증인이 될 수 있도록 할 것입니다(행 1:4~8).

사도행전의 나머지 부분은 이 약속들이 성취되었다고 말해 줍니다.

| 예루살렘 | | |
| --- | --- | --- |
| 제자들은 예수님의 지시에 순종해 예루살렘으로 돌아가서 아버지의 선물을 기다리며 열흘 동안 함께 기도함. 성령님이 제자들을 충만하게 하시고, 그들은 다양한 언어로 말하게 됨. 베드로가 만국에서 예루살렘에 모여든 유대인들에게 복음을 선포하자 3,000명이 믿고 세례를 받음(행 2:1~41). | 베드로가 걷지 못하는 이를 치유한 후 모여든 군중에게 복음을 선포해 5,000명의 남자를 포함한 수많은 사람이 믿게 됨. 베드로와 요한이 체포되고 위협받음. 그러나 성령 충만을 받은 베드로는 담대하게 복음을 전하고, 사람보다 하나님께 순종해야 한다며 산헤드린의 위협에 맞섬(행 3:1~4:22; 참조, 행 5:12~42). | 성령 충만하고 교회의 일상 사역을 돌보도록 선택받은 일곱 명 중 한 명이었던 스데반이 표적을 행하고, 믿음을 비방하는 자들을 견뎌내며, 산헤드린에게 진리와 확신으로 반응함으로써 돌에 맞아 죽음. 예수님에 대한 증거로 인해 죽임당한 첫 번째 그리스도인 증인이 됨(행 6:1~7:60). |

스데반의 죽음 이후 예루살렘 교회에 극심한 박해가 일어났습니다. 사도들을 제외한 모두가 유대와 사마리아 곳곳으로 흩어졌습니다. 이렇게 흩어진 사람들은 말씀을 전하는 일을 이어 나갔습니다(행 8:1, 4).

| 유대와 사마리아 | | |
| --- | --- | --- |
| 일곱 명 중 한 명이었던 빌립이 사마리아의 한 도시로 가서 그들에게 메시아를 선포하고 표적을 행함. 이에 사람들이 믿고 세례를 받음. 베드로와 요한이 사마리아 신자들을 위해 기도하고 안수하자 그들이 성령님을 받음. 이후 빌립은 예수님에 대한 좋은 소식을 한 에디오피아 내시에게 전하기 위해 천사의 보냄을 받음. 그는 가사 방향의 광야 길로 나가서 에디오피아인에게 세례를 베풂(행 8:5~40). | 사울이 신자들을 체포하기 위해 다메섹으로 파견됨. 다메섹 도상에서 예수님이 그에게 나타나심. 사울은 예수님의 이름을 이방인들과 임금들과 이스라엘 자손들에게 전할 도구가 되고, 이 사명을 즉시 순종하기 시작함. 이에 유대, 갈릴리, 그리고 사마리아 도처의 교회가 평화를 얻고 굳건해짐. 그들이 주님을 경외하고 성령님의 격려를 받음으로 믿는 자의 숫자가 급증함(행 9:1~31). | 베드로가 예수님의 복음을 증언함. 주님이 하나님을 경외하는 이방인 고넬료와 베드로를 함께 불러 모으심. 고넬료를 비롯해서 베드로의 메시지를 들은 그와 함께한 모든 이방인이 성령님을 통해 방언을 하며 하나님의 위대하심을 선포함. 그 후 그들이 세례를 받음(행 10:1~48). |

부록 4

스데반의 죽음 이후 극심한 박해가 사람들을 유대와 사마리아를 넘어, 베니게과 구브로와 안디옥까지 흩어놓았습니다(행 11:19).

| 땅끝까지 | |
|---|---|
| 구브로와 구레네에서 신자 몇 명이 안디옥에 도착해서 헬라인들에게 복음을 전하자 많은 수가 믿음. 바나바가 안디옥에 파송되어 그들을 믿음 안에서 격려함. 이로써 큰 수의 믿는 자가 더해짐 (행 11:19~24). | 바나바가 다소에서 바울을 찾아 가르치는 일을 도와주도록 안디옥에 데려감. 이후 성령님이 안디옥 교회의 지도자들에게 바나바와 사울을 선교를 위해 특별히 구별하라 말씀하시자 금식 기도를 하고, 그들을 안수해 파송함(행 11:25~26; 13:1~3). |

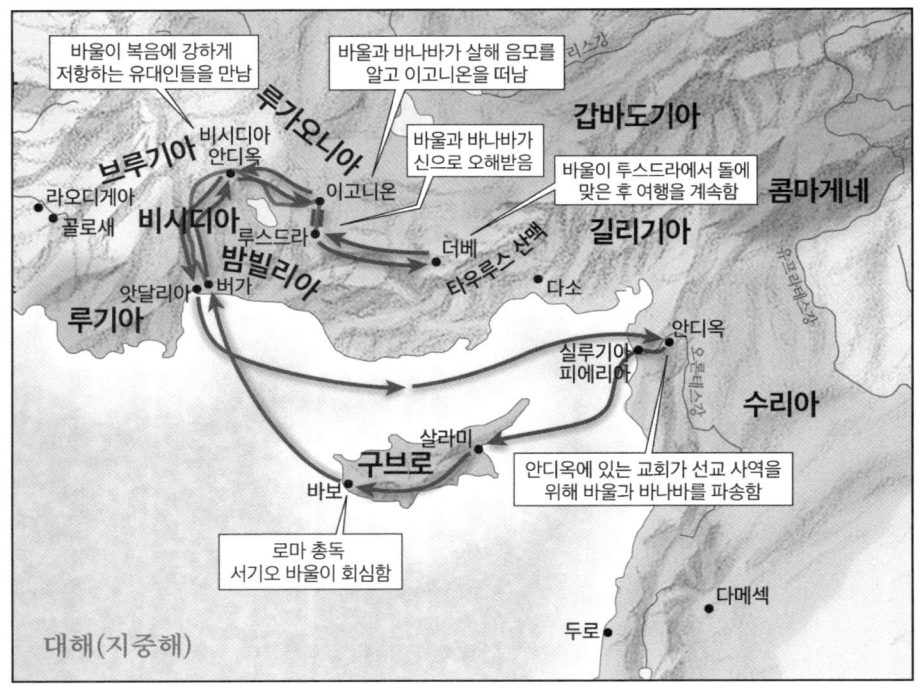

**1차 선교 여행(행 13:4~14:28)**
- **참가자**: 바나바와 사울(바울), 그리고 (나중에 그들을 버렸던) 요한 마가
- **결과**: 유대인과 이방인 모두를 제자로 삼았고, 이들은 성령 충만을 받고, 잦은 박해를 경험함. 신자들의 믿음을 굳건하게 하고, 각 교회에서 지도자를 임명함. 안디옥 교회에 선교 사역을 보고함.

## 예루살렘 공회(행 15:1~35)

바울의 1차 선교 여행 이후 이방인들의 구원에 대한 논란이 예루살렘 공회로 이어짐. 이 회의에서 성령님은 이방인들이 유대인들과 마찬가지로 오직 그리스도를 믿음으로써 구원받는다고 확정하도록 교회를 이끄심. 이방인들의 믿음을 확정하는 편지가 이방인들을 위해 집필됨. 이 편지는 또한 유대인들이 그리스도께 나아오는 데 이방인들이 걸림돌이 되지 않도록 그들에게 네 가지, 곧 우상의 제물과 피와 목매어 죽인 것과 음행을 삼가도록 권면함.

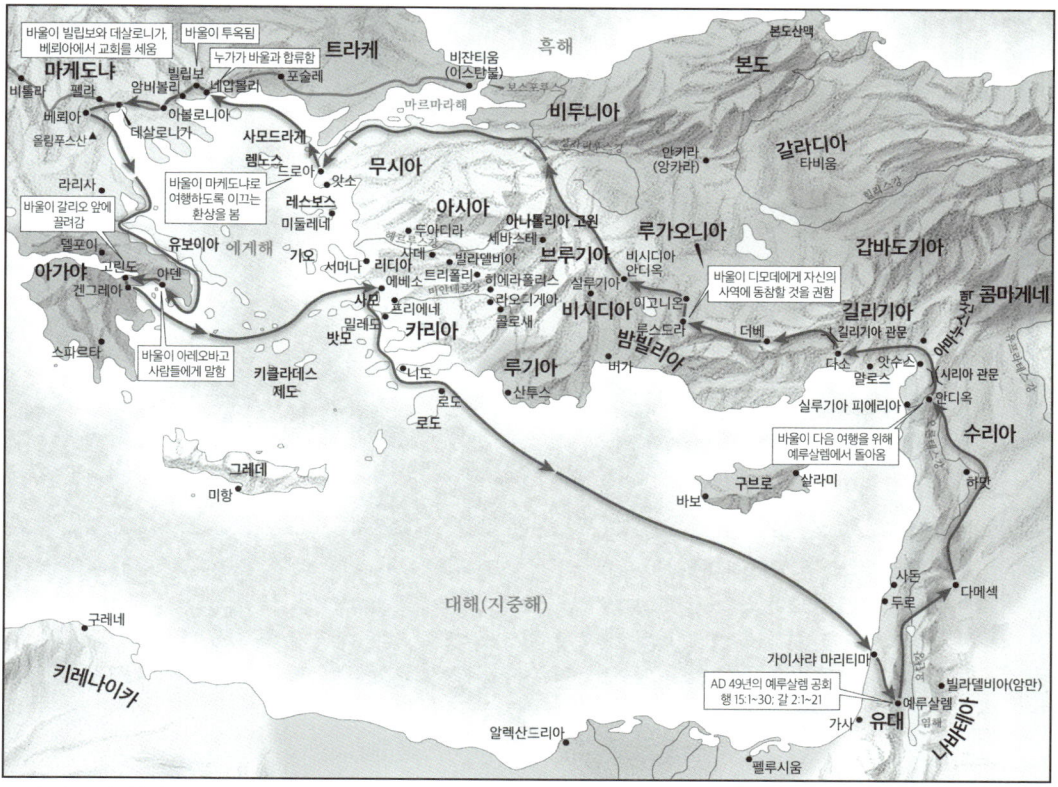

## 2차 선교 여행(행 15:36~18:22)

- **참가자**: 바울과 실라, 그리고 디모데; 브리스길라와 아굴라
- **결과**: 환상이 그들을 마게도냐로 인도하기 전에 성령님이 아시아와 비두니아로 나아가려는 그들을 막으심. 유대인과
  이방인 모두를 제자로 삼음. 잦은 박해를 경험함, 고린도에서 길게 체류함.

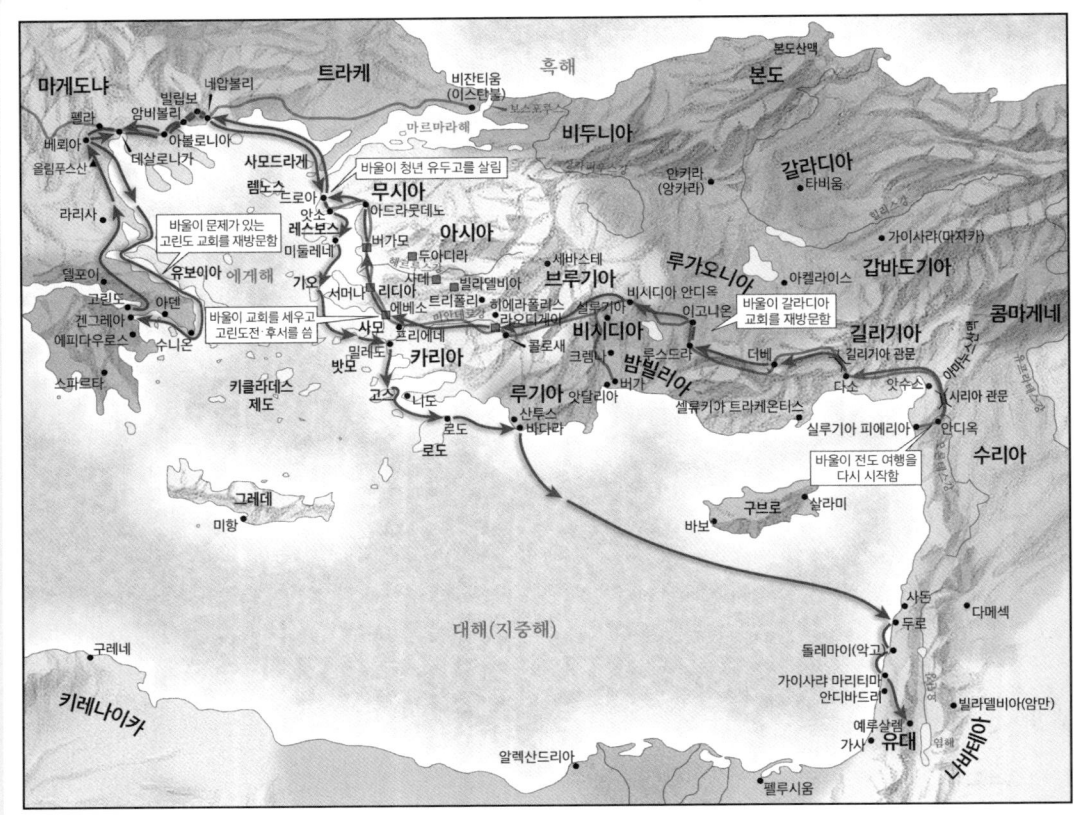

바울이 청년 유두고를 살림

바울이 문제가 있는
고린도 교회를 재방문함

바울이 교회를 세우고
고린도전 후서를 씀

바울이 갈라디아
교회를 재방문함

바울이 전도 여행을
다시 시작함

### 3차 선교 여행(행 18:23~21:19)

- **참가자**: 바울과 디모데, 누가, 그리고 여타의 사람들
- **결과**: 요한의 세례밖에 몰랐던 신자 무리 위에 성령님이 임하심. 유대인과 이방인 모두를 제자로 삼음. 잦은 박해를
  경험함. 에베소에서의 긴 체류. 바울이 성령님 안에서 예루살렘에 가기로 결심함.

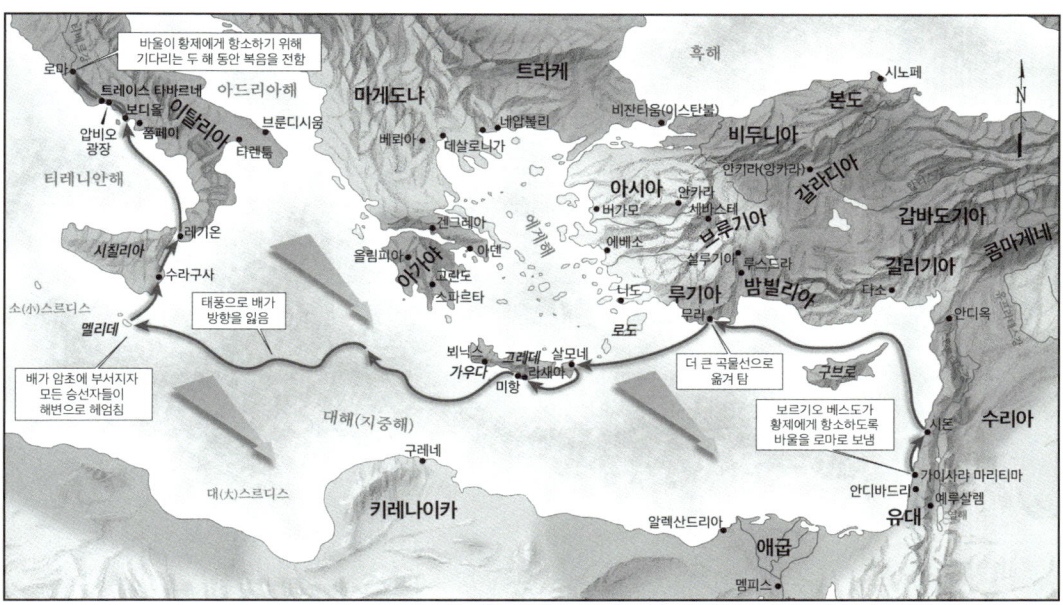

바울이 황제에게 항소하기 위해
기다리는 두 해 동안 복음을 전함

로마

트레이스 타바르네
보디올
압비오
광장
폼페이

아드리아해

마게도냐

트라케

흑해

시노페

본도

비잔티움(이스탄불)

네압볼리

베뢰아
데살로니가

안카라(잉카라)
갈라디아

비두니아

갑바도기아

콤마게네

이탈리아

브룬디시움

타렌툼

티레니안해

레기온

시칠리아

수라구사

소(小)스르디스

멜리데

태풍으로 배가
방향을 잃음

배가 암초에 부서지자
모든 승선자들이
해변으로 헤엄침

겐크레아

올림피아
아가야

고린도
스파르타

아덴

에게해

버가모

세바스테
에베소

아시아
브루기아

살루기아
밀레도

루스드라
무라
루기아

밤빌리아

갈리기아

다소

안디옥

수리아

더 큰 곡물선으로
옮겨 탐

구브로

보르기오 베스도가
황제에게 항소하도록
바울을 로마로 보냄

시돈

대해(지중해)

구레네

대(大)스르디스

키레나이카

알렉산드리아

애굽

멤피스

뵈닉스
가우다

그레데
미항

살모네
라새아

로도

가이사랴 마리티마
안디바드리
유대
예루살렘

## 바울의 로마행(행 21:20~28:31)

- **결과:** 바울이 이스라엘 군중, 로마 관원들, 유대의 아그립바 왕 앞에서 복음을 증언함. 로마의 보호 아래 있을 때 가이사에게 상소해 로마로 이송됨으로써 그가 예루살렘에서 예수님을 증언했듯이 로마에서도 증언하기를 원하신 예수님의 뜻을 성취함. 로마에서 2년 동안 가택 연금 상황에서 그를 방문한 모든 사람을 환영하고, 아무 거리낌 없이 예수님에 대해서 담대하게 가르침.

사도행전의 약속은 예수님의 이름이 예루살렘으로부터 유대와 사마리아와 땅끝까지 세상 곳곳에 퍼지는 것이었습니다. 예수님의 제자들은 모든 부족과 언어와 나라의 사람들에게 죄의 용서를 위한 그분의 죽음, 그분의 신성과 온 세상에 대한 권위의 증거로서 그들이 목격했던 그분의 부활을 선포하면서 그분의 증인이 될 것입니다. 성부와 성자 하나님이 보내 주신 성령님은 예수님의 증인들이 예수님의 이름으로 기적을 행하고, 그분의 복음을 담대하게 전하며, 그분의 이름을 위해서 고난과 박해를 견딜 수 있도록 힘을 주셨습니다. 믿는 자들에게 성령님이 임하신 사건은 예수님의 교회가 모든 부류의 사람들에게 확장되었음을 입증했습니다. '땅끝까지'의 사역은 지리적인 경계와 민족적인 경계 둘 다 뛰어넘는 것을 내포합니다. 이제 여러분은 성령님의 약속과 능력 안에서 이 복음 사명을 어떻게 이어 나가시겠습니까?

# 바울의 생애

## 바리새인 바울(사울)

- 다소 출신으로 예루살렘에서 가말리엘에게서 훈련을 받았고, 하나님에 대한 열심이 있었음(행 22:3)
- 스데반이 돌에 맞아 죽는 형벌에 동의했고, 교회를 박해함(7:58; 8:1, 3)
- 신자들을 체포해서 예루살렘에 데려오기 위해 다메섹으로 여행함(9:1~2; 22:4~5)

## 그리스도인 바울

- 다메섹 도상에서 예수님을 만나 눈이 멀게 됨. 사흘 후 아나니아의 안수를 받고 다시 볼 수 있게 됨. 성령 충만을 받고 세례를 받음(9:3~18)
  - 예수님의 이름을 이방인과 임금들과 이스라엘 자손들에게 전하고, 예수님의 이름을 위해서 큰 고난을 받도록 예수님의 택함을 받은 자(9:15~16)
- 다메섹에서 예수님을 선포하고, 나중에는 예루살렘에서도 선포함(9:20~3C)
  - 유대인들이 그를 죽이려고 음모하나 예루살렘으로 피신한 후 다소로 도망감
- 다소에서 바나바에게 발견되어 제자들을 가르치는 일을 돕기 위해 바나바와 안디옥으로 감(11:25~26)

부록 5

## 선교사 바울

- 성령님이 바울과 바나바를 선교 소명을 위해 구별하심(13:1~3)

**1차 선교 여행(행 13:4~14:28)**

바울 서신

구브로 곳곳에 있는 회당들에서 하나님의 말씀을 선포함. 비시디아 안디옥에서 유대인들은 말씀을 거부한 반면, 이방인들은 말씀을 받아들임. 이후 그 지역에서 축출됨. 이고니온 사람 일부가 그를 돌로 쳐서 죽이려고 시도함. 루스드라에서 헬라의 신 헤르메스로 오해받음. 이후 유대인들이 군중을 선동해서 바울을 돌로 치지만, 기적적으로 회복함. 더베에서 설교한 후 고난에 대해 경고하고, 교회의 지도층을 세우기 위해 이전에 방문했던 도시 일부를 재방문함. 그 후 안디옥으로 복귀해서 선교 여행과 이방인들의 믿음을 보고함.

갈라디아서

- 바나바와 함께 믿음을 통한 이방의 구원에 대해 논의하고 확정했던 예루살렘 공회로 파송됨(15:1~35)

## 2차 선교 여행(행 15:36~18:22)

마가라 하는 요한에 대한 불일치로 인해 바나바와 갈라졌기 때문에 바울은 실라를 데리고 더베, 루스드라, 이고니온을 통과하면서 교회를 격려했고, 디모데를 데려감. 성령님에 의해서 아시아와 비두니아에서의 사역이 막힘. 드로아에 머물던 중 환상을 받고, 복음을 전하기 위해서 마게도냐로 향함. 빌립보에서의 사역은 매질과 투옥으로 이어짐. 데살로니가에서 폭력적인 군중과 폭동이 그들을 피난하게 만들었고, 베뢰아에서도 유사한 일이 발생함. 아덴에서 복음을 전함. 고린도에서 브리스길라와 아굴라를 만나 예수님에 대해 말하면서 1년 반을 지냄. 에베소에서 잠시 복음을 전함. 그 후 예루살렘을 방문하고 안디옥으로 복귀함.

## 3차 선교 여행(행 18:23~21:19)

갈라디아와 브루기아를 여행하면서 제자들을 굳건하게 함. 아시아 곳곳에서 복음을 전하면서 에베소에서 3년간 사역함. 폭동 후 바울은 마게도냐로 여행하고, 그 후 헬라로 넘어감. 유대인들의 음모로 인해 마게도냐와 드로아로 내몰림. 결국 밀레도에 도착한 바울이 에베소 장로들과 만난 후 예루살렘으로 여행함.

• 예루살렘 성전에서 무리에게 붙들려 죽임당하기 위해 끌려 나가던 중 로마 군인들에게 구출됨. 그에 대한 공모로 인해 가이사랴로 이송되고, 거기서 벨릭스에게 자기변호를 함. 2년 동안 구류된 후 가이사에게 호소하기 전에 베스도에게 자기변호를 함. 아그립바왕 앞에서도 자기변호를 함(21:26~26:32)

• 가이사 앞에서 심판받기 위해 로마로 항해함. 파선해 멜리데섬에서 3개월간 머물게 됨. 이후 로마에 가서 2년 동안 가택 연금당한 가운데 그를 방문한 모든 사람에게 담대하고 거리낌 없이 하나님의 왕국을 선포하고, 예수님에 대해 가르침(27:1~28:31)

• 전설에 따르면 가이사에 의해 가택 연금에서 풀려나 선교 사역을 계속하다가 두 번째로 체포되어 로마에 구속되고, 그곳에서 참수형을 당함
 - 바울은 선한 싸움을 싸웠고, 달려갈 길을 마쳤으며, 그의 믿음을 지킴(딤후 4:7)

| 데살로니가전서 | 데살로니가후서 |
|---|---|

| 고린도전서 | 고린도후서 | 로마서 |
|---|---|---|

| 에베소서 | 빌립보서 | 골로새서 | 빌레몬서 |
|---|---|---|---|

| 디모데전서 | 디모데후서 | 디도서 |
|---|---|---|

# 1세기의 오순절
## 사도행전 2장 1~15절

많은 기독교인에게 '오순절'이란 단어는 사도행전 2장의 성령 강림 사건을 떠올리게 합니다. 이 사건이 일어나기 전에 유대인들은 오순절을 상당히 다르게 축하했습니다. 이 글의 목적은 사도행전 2장의 사건 이전에 유대인들이 매년 축하했던 오순절에 대한 올바른 관점을 얻기 위해 오순절의 뿌리를 개괄하는 것입니다. 오순절을 지켰던 본래 이유는 무엇이었을까요? 왜 '오순절'이라는 명칭이 붙여졌을까요? 유대인들은 오순절에 어떻게 임했을까요? 그들이 예루살렘 성전에 도착해서 기대했던 바는 무엇이었을까요? 이러한 배경지식은 오순절을 더 깊이 이해할 수 있도록 도와줄 뿐만 아니라, 백성을 돌보시는 하나님께 더욱 감사드릴 수 있도록 도와줍니다.

## 구약의 오순절

오순절에 대한 구약의 가장 흔한 명칭은 '칠칠절'[주들(weeks)을 의미하는 히브리어 '샤부옷'에서 유래]입니다. 이 절기는 레위기 23장 15~16절에서 규정하듯이 유월절(무교절) 후 50일째 되는 날(칠 주 후)에 기념되었습니다. "안식일 이튿날 곧 너희가 요제로 곡식단을 가져온 날부터 세어서 일곱 안식일의 수효를 채우고 일곱 안식일 이튿날까지 합하여 오십 일을 계수하여 새 소제를 여호와께 드리되." 이 계산에 따르면 유대인들은 이 절기를 유대력 셋째 달 여섯 번째 날(시반 6일)에 기념했습니다.[1] 구약은 이 절기를 "맥추절"(출 23:16) 또는 "초실절"(출 34:22)로 부릅니다(개역개정 민수기 28장 26절은 칠칠절로 번역). 이 절기는 이후 헬라어가 보편화된 시기에 와서 오순절(헬라어로 '펜테코스트', 오십 번째라는 뜻)로 불렸습니다.

오순절은 유월절 및 장막절과 더불어 유대인들의 삼대 절기 중 하나로 매년 예루살렘 순례를 요구했습니다(출 23:14~17; 신 16:16; 대하 8:13). 레위기 23장 15~22절은 절기의 규정들을 세세하게 설명해 줍니다.[2] 오순절은 곡물(보리와 밀) 추수의 끝을 표시하는 추수의 절기였습니다. 유대인들은 하나님 앞에 첫 열매를 바침으로써 수확의 복을 누리고 하나님께 감사드리기 위해서 함께 모여야 했습니다.[3] 첫 열매를 바치는 소제는 효모로 구운 빵 두 조각과 관련된 요제였습니다. 요제라는 명칭은 제사장의 상징적인 행위에서 그 이름이 비롯되었는데, 그의 행위는 하나님께 헌물을 바치고, 그것을 다시 돌려받는 것을 상징했습니다. 따라서 흔드는 동작은 우리가 흔히 생각하듯이 옆으로 흔드는 것이 아니라, 하나님을 향해 앞으로, 그리고 다시 제사장을 향해 뒤로 흔드는 동작이었습니다.

첫 열매의 소제는 이 절기의 핵심으로서 중요하기는 했지만, 예배자들은 여타 다양한 제사와 헌물도 바쳤습니다. 여호와께 향기로운 냄새인 화제를 드리기 위해서는 어린양 일곱 마리와 어린 수소 한 마리와 숫양 두 마리의 제물이 필요했습니다(레 23:18). 율법은 또한 속죄제를 위해서 숫염소 한 마리와 화목제물로 어린 숫양 두 마리를 요구했습니다. 제사장들은 그중 어린양 두 마리를 요제로 삼았습니다(19~20절).

---

1. James C. VanderKam, *An Introduction to Early Judaism* (Grand Rapids: Eerdmans, 2001), 206.
2. 참조, 레 23:15~22; 민 28:26~31; 신 16:9~12.
3. "네 하나님 여호와 앞에 칠칠절을 지키되 네 하나님 여호와께서 네게 복을 주신 대로 네 힘을 헤아려 자원하는 예물을 드리고"(신 16:10).

부록
6

그뿐만 아니라 오순절은 아무도 일을 해서는 안 되는 거룩한 축제일이었습니다. 레위기 23장 14절에 따르면, 백성은 주님께 드릴 예물을 성막에 가져올 때까지는 떡이든 곡식이든 먹지 말아야 했으며 축제 때는 함께 식사를 했습니다. 하나님의 공급하심을 기쁜 마음으로 축하하는 것은 축제에 직접 참석할 수 있는 사람들에게만 국한된 것이 아니었습니다.

신명기 16장 11~12절은 이 축제를 기뻐해야 할 사람들의 광범위한 범위를 보여 줍니다. "너와 네 자녀와 노비와 네 성중에 있는 레위인과 및 너희 중에 있는 객과 고아와 과부가 함께"(신 16:11) 기뻐해야 한다는 것입니다. 바로 이어서 하나님은 유대인들이 애굽에서 종살이한 사실을 상기시키십니다. 유대인들에게 자신들의 구속을 축하할 이유가 하나 더 생긴 것입니다. 마지막으로 레위기 23장 22절은 곡물을 벨 때, 밭모퉁이까지 다 베지 말라고 기록하고 있습니다. 그 부분은 가난한 자와 거류민을 위해서 남겨 두어야 했습니다. 따라서 오순절은 단순히 하나님이 주신 추수의 복을 기념하는 날일 뿐 아니라, 아무것도 없는 사람들을 위한 하나님의 지속적인 공급을 구체적으로 보여 주는 예이기도 했습니다.

## 1세기의 이해와 관습

오순절과 관련된 구약의 규정과 전통은 약간의 변화를 제외하고 AD 1세기까지 이어졌습니다. 후기 유대교 전통에서(BC 586년 제2의 예루살렘 성전의 파괴 이후) 유대인들은 오순절을 하나님이 시내산에서 모세에게 율법을 수여하신 사건의 기념과 연관시키기도 했습니다.[4] 따라서 1세기에 유대인들이 오순절 기간에 예루살렘 성전에 도착했을 때는 이 절기를 하나님의 은혜로우신 추수의 복과 모세 율법의 은혜로운 공급이라는 두 가지 측면에서 하나님의 은혜로운 공급과 연관시켰을 것입니다.

유대인들의 오순절에 대한 이해의 또 다른 전환은 신약의 사도행전 2장 1~15절 사건에서 일어났습니다. 오순절 모임은 여느 때와 동일하게 시작했지만, 이번에는 하나님이 기적을 행하셨습니다. 전 세계에 퍼져 있던 유대인들이 하나님의 공급하심과 축복을 기념하기 위해서 모여든 이 절기 동안에 성령님의 강림은 더할 나위 없이 시기적절했습니다. 성령님의 강림 이후 하나님의 백성은 그리스도께서 그들에게 주셨던 임무(마 28:18~20)를 수행할 만반의 준비를 갖추게 되었습니다.

하나님이 공급하신다는 개념은 오순절 행사 도처에 스며들어 있습니다. 유대인들은 이 사실을 인정해야 했고, 그들의 첫 열매를 바침으로써 하나님에 대한 의존성을 증명해야 했습니다. 사도행전 2장에서 유대인들은 하나님의 복을 기념하기 위해서 모여들었고, 성령님의 선물로 인해서 영원히 변화되었습니다. 오순절 사건의 중요성을 인정한다면 우리는 마땅히 하나님의 물질적인 복과 영적인 복에 대한 구체적인 감사를 드려야 할 것입니다.

＊위 내용은 루이지애나대학교 신약학 교수 저스틴 랭퍼드 박사의 글
"1세기의 오순절"("Pentecost festival in the First Century", *BIBLICAL ILLUSTRATOR*)을 번역한 것입니다.

---

4. *Jubilees* (written around 150 B.C.). See also Larry Walker, "Festivals" in *Holman Bible Dictionary*, gen. ed. Trent C. Butler (Nashville: Holman Bible Publishers, 1991), 488.

# 주 / 1

### SESSION 1

**1.** J. Hudson Taylor, "The Source of Power," in *Ecumenical Missionary Conference: Report*, vol. 1 (New York: American Tract Society, 1900), 88.
**2.** Irenaeus, *Against Heresies*, 3.12.2, quoted in *Acts*, ed. Francis Martin, with Evan Smith, vol. 5 in *Ancient Christian Commentary on Scripture: New Testament* [WORDsearch].
**3.** Henry Blackaby and Melvin Blackaby, *Experiencing the Spirit: The Power of Pentecost Every Day* (Colorado Springs: Multnomah, 2009) [eBook].

### SESSION 2

**1.** Kay Arthur, *God, How Can I Live?* (Eugene, OR: Harvest House, 2004), 92.
**2.** Rudolf Gwalther, Homily 30, Acts 4:24-31, quoted in *Acts*, eds. Esther Chung-Kim and Todd R. Hains, vol. 6 in *Reformation Commentary on Scripture: New Testament* (Downers Grove: IVP, 2016) [WORDsearch].

### SESSION 3

**1.** Basil the Great, Letter 22.1, quoted in *Acts*, ed. Francis Martin, with Evan Smith, vol. 5 in *Ancient Christian Commentary on Scripture: New Testament* (IVP, 2001) [WORDsearch].
**2.** Joni Eareckson Tada, *Glorious Intruder: God's Presence in Life's Chaos* (Colorado Springs: Multnomah, 1989), 82.
**3.** Timothy Keller, *Generous Justice: How God's Grace Makes Us Just* (New York: Dutton, 2010), 91. 《팀 켈러의 정의란 무엇인가》(두란노, 2012), 144.
**4.** John Wesley, "The Spirit of Bondage and of Adoption," in *The Works of the Reverend John Wesley*, ed. John Emory, vol. 1 (New York: Carlton & Phillips, 1853), 82.

### SESSION 4

**1.** Peter Riedemann, *Confession of Faith*, quoted in *Acts*, eds. Esther Chung-Kim and Todd R. Hains, vol. 6 in *Reformation Commentary on Scripture: New Testament* (IVP, 2016) [WORDsearch].

**2.** Eric Mason, *Unleashed: Being Conformed to the Image of Christ* (Nashville: B&H, 2015), 91.
**3.** Johann Spangenberg, *Brief Exegesis of Acts 6:8-10*, quoted in *Acts*, eds. Esther Chung-Kim and Todd R. Hains, vol. 6 in *Reformation Commentary on Scripture: New Testament* [WORDsearch].

### SESSION 5

**1.** Billy Graham, quoted in "40 Courageous Quotes from Billy Graham," by Debbie McDaniel, Crosswalk.com, http://www.crosswalk.com/faith/spiritual-life/inspiringquotes/40-courageous-quotes-from-billygraham.html.
**2.** Ed Stetzer, "Don't Miss the Story of the Bible," The Exchange, http://www.christianitytoday.com/edstetzer/2015/march/dont-miss-story-of-bible.html.
**3.** Rudolf Gwalther, Homily 61, Acts 8:32-35, quoted in *Acts*, eds. Esther Chung-Kim and Todd R. Hains, vol. 6 in *Reformation Commentary on Scripture: New Testament* (Downers Grove: IVP, 2016) [WORDsearch]
**4.** Francis Chan with Danae Yankoski, *Forgotten God* (Colorado Springs: David C. Cook, 2009), 92.

### SESSION 6

**1.** C. H. Spurgeon, "The Cripple at Lystra," in *Spurgeon's Sermons*, 8th series (New York: Sheldon and Company, 1865), 244.
**2.** David Martyn Lloyd-Jones, quoted in *The Westminster Collection of Christian Quotations*, comp. and ed. Martin H. Manser (Louisville: Westminster John Knox, 2001), 150.
**3.** Trillia J. Newbell, *United: Captured by God's Vision for Diversity* (Chicago: Moody, 2014), 91.

### SESSION 7

**1.** Justin Martyr, *First Apology* 67, quoted in *The Early Christians in Their Own Words*, edited by Eberhard Arnold (Rifton, NY: Plough Publishing, 2011), 83.
**2.** Elisabeth Elliot, *Passion and Purity: Learning to*

# 주 / 2

*Bring Your Love Life Under Christ's Control* (Grand Rapids: Baker, 2002), 85.

**3.** Robert E. Coleman, *The Master Plan of Evangelism* (Grand Rapids: Revell, 2009) [WORDsearch].

---

## SESSION **8**

**1.** John Stott, quoted in "World Christian Quotes" by Mark Struck, Desiring God, January 28, 2011, http://cdn.desiringgod.org/pdf/articles/20110128_mission_quotes.pdf.

**2.** Hudson Taylor, quoted in *Witness Essentials: Evangelism That Makes Disciples* by Daniel Meyer (Downers Grove: IVP, 2012), 18.

**3.** David Platt, *Radical: Taking Back Your Faith from the American Dream* (Colorado Springs: Multnomah Books, 2010), 216.

**4.** Nate Saint, quoted in *Jungle Pilot: The Story of Nate Saint, Martyred Missionary to Ecuador*, by Russell T. Hitt (Grand Rapids: Discovery House, 2017) [eBook].

**5.** Basil the Great, Homily on Psalm 33.4, quoted in *Acts*, eds. Francis Martin, with Evan Smith, vol. V *in Ancient Christian Commentary on Scripture: New Testament* [WORDsearch].

---

## SESSION **10**

**1.** Justin S. Holcomb, in *ESV Gospel Transformation Bible* (Wheaton: Crossway, 2013), 1479, n. 16:14.

**2.** Paul Mumo Kisau, "Acts of the Apostles," in *Africa Bible Commentary* (Grand Rapids: Zondervan, 2006), 1355.

---

## SESSION **11**

**1.** "Pattaya," Lonely Planet, 2017, https://www.lonelyplanet.com/thailand/chonburiprovince/pattaya.

**2.** Kyle Idleman, *Gods at War: Defeating the Idols that Battle for Your Heart* (Grand Rapids: Zondervan, 2013), 12.

**3.** *Africa Study Bible*, ed. John Jusu (Oasis International LTD, 2016), 1610.

**4.** John Bunyan, quoted in *John Bunyan: His Life* Times and Work, by John Brown (Boston: Houghton, Mifflin, and Company, 1888), 389.

---

## SESSION **12**

**1.** Graham Tomlin, *The Provocative Church*, 4th ed. (London: Society for Promoting Christian Knowledge, 2014) [eBook].

**2.** Jeff Vanderstelt, quoted in "Every Believer Is Called to Full Time Ministry," Daniel Im, July 14, 2011, https://www.danielim.com/2011/07/14/every-believer-is-calledto-full-time-ministry.

**3.** Heinrich Bullinger, *Commentary on Acts 20:21*, quoted in *Acts*, eds. Esther Chung-Kim and Todd R. Hains, vol. 6 in *Reformation Commentary on Scripture: New Testament* (IVP, 2016) [WORDsearch].